基于消费者网络搜索的市场预测模型与应用研究

蹇　洁　吴如海　李　忆　著

科　学　出　版　社

北　京

内容简介

本书基于大数据背景下消费者网络信息搜索行为的分析视角，综合运用消费者行为学、市场预测理论、统计学及计量经济学等知识，采用理论分析和实证比较研究相结合。全书共9章，系统研究基于消费者网络搜索进行产品销量预测的普适性方法，提出现代市场预测研究领域的一种新兴理论和创新方法，并建立基于竞争品牌网络搜索相关关系的消费者购买意向转移模型，在丰富网络搜索数据与消费行为内在关联机理研究的同时，有助于企业更加精准地进行自我品牌定位和品牌营销效果评估，为企业经营决策提供更加及时、有效的理论支撑和数据支撑。全书兼具指导性、实践性、前沿性和创新性。

本书适合于管理学、经济学、电子商务等专业的师生与科研工作者使用，也可供高级管理人员工商管理硕士(EMBA)、工商管理硕士(MBA)及企事业单位各层次的管理人员参考阅读。

图书在版编目(CIP)数据

基于消费者网络搜索的市场预测模型与应用研究 /蹇洁，吴如海，李忆著. —北京：科学出版社，2019.9(2020.12 重印)
ISBN 978-7-03-061022-5

Ⅰ. ①基… Ⅱ. ①蹇… ②吴… ③李… Ⅲ. ①网上购物-市场预测-经济模型-研究 Ⅳ. ①F713.365.2

中国版本图书馆 CIP 数据核字(2019)第 069055 号

责任编辑：张 展 陈丽华 / 责任校对：彭 映
责任印制：罗 科 / 封面设计：墨创文化

科学出版社出版
北京东黄城根北街16号
邮政编码：100717
http://www.sciencep.com

成都锦瑞印刷有限责任公司印刷
科学出版社发行 各地新华书店经销
*
2019年9月第 一 版 开本：B5 (720×1000)
2020年12月第二次印刷 印张：9 1/4
字数：186 000

定价：86.00 元
(如有印装质量问题，我社负责调换)

作者简介

蹇洁，女，重庆人，加拿大麦克马斯特大学管理信息系统专业博士后、重庆大学管理科学与工程专业博士，现任重庆邮电大学经济管理学院教授、硕士生导师，重庆市高校电子商务与现代物流重点实验室副主任、重庆邮电大学现代邮政学院副院长、重庆市电子商务协会理事、重庆市电子商务协会副主任等。其主要研究领域为网络数据分析、新兴电商与现代物流、信息管理安全。近五年，其咨政建议获得重庆市领导签批3篇，发表高水平论文10余篇、出版专著5部，主持国家社会科学基金项目2项，主持教育部教育教学改革项目2项，主持省部级重点科研项目2项，荣获重庆市发展研究奖二等奖1项、重庆市科技进步奖三等奖1项，荣获“重庆市哲学社会科学领军人才”称号。

吴如海，男，加拿大麦克马斯特大学德格鲁特商学院市场营销系主任，终身教授，博士生导师。主要研究方向：渠道关系、零售业、定价策略、博弈理论、电子商务、社会媒体营销、顾客忠诚计划等。其担任 *Decision Support Systems* 副主编，是 *Production and Operations Management*、*Information Systems Research*、*Journal of Applied Economics*、*Review of Industrial Organization*、*Decision Support Systems*、*Electronic Commerce Research and Applications*、*Information Systems Frontiers*、*Journal of Theoretical and Applied Electronic Commerce Research*、*Review of Network Economics* 等多家顶级期刊的审稿人。市场营销、信息管理方向被SCI的I区、II区收录的论文有8篇。

李忆，男，副教授，管理学博士，硕士生导师。现任重庆邮电大学管理系统理论与方法研究所所长，中国管理研究国际学会(IACMR)会员，重庆市品牌学会理事、副秘书长；担任《南开管理评论》《系统管理学报》《研究与发展管理》以及 *Advances in Information Sciences and Service Sciences* 等学术期刊审稿人。主要研究方向为技术创新管理、知识管理、营销科学。目前关注企业创新战略、员工从差错中学习、威客网站与服务交易、客户行为分析与客户价值管理等研究主题。其荣获首批重庆市高等学校青年骨干教师资助计划的资助，主持国家社会科学基金项目、教育部人文社会科学研究项目等科研项目；曾在《管理工程学报》《南开管理评论》《科研管理》以及 *Nankai Business Review International*、*Advances in Information Sciences and Service Sciences* 等学术期刊上发表论文，在《北大商业评论》等刊物上发表评论文章，独著专著一部。2010 年，在爱墨瑞得出版集团(Emerald)与欧洲管理发展基金会(EFMD)联合授予的杰出博士研究奖的评选中获得知识管理领域的高度赞扬奖。

前　言

传统预测方法收集的数据主要来源于政府机构、年度报告、财务报告等统计数据，这些数据的发布往往存在滞后性，既限制了预测的有效性，又限制了数据的应用领域。然而，搜索引擎技术的发展为社会科学领域的预测研究提供了新的途径。当前，搜索引擎已成为公众获取知识和信息的重要渠道，搜索引擎技术的发展及谷歌趋势（Google Trends）、百度指数（Baidu Index）、360 指数等各大网络搜索数据平台的相继开放，为收集消费者的搜索轨迹信息提供了有效的收集工具，通过观察在线搜索揭示的数以亿计消费者和商家的意图，研究人员对未来经济活动的预测可以精确到每日数据。

搜索引擎已经成为消费者决策过程中信息搜索和评价过程的起点，中国互联网络信息中心（China Internet Network Information Center，CNNIC）调查表明，有 77%的互联网用户在购买产品之前会上网搜索相关信息。目前，基于网络搜索数据的经济社会类行为预测已成为各领域学者研究的一个新热点。自 2009 年谷歌搜索引擎将网络搜索数据应用于流行病监测，相关研究也逐渐在地产、就业、股票、汽车、旅游等应用领域涌现。但是，该领域研究尚处于起步阶段，相关研究多出自国外，搜索数据来源以谷歌趋势为主，对于网络搜索数据与经济行为之间的相关性机理分析、关键词选择、数据模型处理等关键问题还需深入研究论证。本书重点探讨网络搜索数据与消费产品销量预测、消费者购买意向转移的内在关联机理，开展该研究领域的前沿性和创新性探索。

本书基于大数据背景下消费者网络信息搜索行为的分析视角，综合运用消费者行为学、市场预测理论、统计学、计量经济学等知识，采用理论分析和实证比较研究相结合，验证引入网络搜索数据的预测模型对实际产品销量的预测效力。第一，设计网络搜索数据与消费行为关联的概念模型。基于消费者购买行为理论，从消费者购买决策的角度搭建网络搜索数据与消费行为关联的理论分析框架。第二，构建基于网络搜索的产品销量预测模型。运用文本挖掘技术，通过一个结构化的流程来确定检索关键词，同时引入搜索关键词推荐技术及小组讨论法，优化搜索关键词库的构建，并基于主成分分析法对网络搜索指数合成方法进行改进，提出产品销量预测模型。第三，对网络搜索产品销量预测模型进行实证分析。选取具有代表意义的汽车行业作为销量预测模型实例分析对象，以车型的月销量和月搜索指数数据作为实证研究载体，分别针对“特定品牌+特定车型”和“多品牌+多车型”两种情况开展相关实证研究，详细分析国内网络搜索数据与市场预测之间的关系，同时验证模型的实际预测效果，并与相关研究进行对比分析。第四，搭建基于网络搜索指数的消费者购买意向转移模型。通过对同类竞争品牌的销量与品牌关键词之间相关性的分析，对相关关键词进行分类归纳，探讨其所代表的经济含义，搭建基于网络搜索指数的消费者购买意向转移模型，以展现消费者购买意向在信息搜索阶段的转移过程。第五，开展网络搜索消费者购买意向转移模型的实证研究。将汽车行业作为研究对象，将实证数据代入消费者购买意向转移模型中进行实例分析，通过对实例数据模型的验证与分析，得到消费者在特定品牌间购买意向的转移趋势。

本书探索基于消费者网络搜索进行产品销量预测的普适性方法，提出现代市场预测研究领域涉及的一种新兴理论和创新方法；建立基于竞争品牌网络搜索相关关系的消费者购买意向转移模型，丰富网络搜索数据与消费行为内在关联机理的研究。全书由蹇洁、吴如海、李忆主笔撰写，由蹇洁负责全书统稿，由李会鹏负责核对。其他参编人员具体分工如下：第 1 章，蹇洁、李会鹏；第 2 章，蹇洁、潘强；第 3 章，蹇洁、袁恒；第 4 章，吴如海、袁恒；第 5 章，李忆、文瑞；第 6 章，蹇洁、陈启玮；第 7 章，吴如海、赵文静；第 8 章，吴如海、赵文静；第 9 章，蹇洁、余晓明；附录，蹇洁、陈启玮。本书尝试在大数据背景下，从消费者网络信息搜索行为的视角对市场销量预测及消费者购买意向转移过程进行探索性研究。

本书得益于“重庆邮电大学出版基金资助”，在此特别感谢。在本书写作过程中，我们参考了国内外专家的研究成果，并得到相关政府部门、行业协会、企业网站和研究机构的大力支持，在此也表示衷心的感谢！本书中还存在一些有待进一步完善的地方，欢迎各界专家批评指正。

目　　录

第1章 绪　论

1.1 研究背景

随着生产力和科学技术的发展，市场预测逐步建立并发展起来。预测技术最早由德国人于 20 世纪 20 年代中期提出，随后在全球迅速发展起来。近年来，随着市场竞争的不断加剧与升级，准确和及时的市场预测，无论对于企业自身战略调整(如市场领域扩展、新产品开发)、内部决策制定(如生产、库存、定价)，还是对于消费者做出购买决策(如合理选择购买时机)，以及对于国家进行宏观经济调控，都有着重要的参考作用(李霞，2012)。

传统预测方法的数据来源主要为政府机构、年度报告、财务报告等收集的统计数据，这些数据的收集和发布往往存在明显的滞后性(Choi and Varian，2012)，并且多以少量相对局限的预定义类别来呈现(D'Amuri and Marcucci，2009)，数据量也难以达到模型预测要求。这不仅限制了预测的有效性(刘志明，2014)，尤其当它是被用来处理即时市场预测和新兴市场预测问题时(Carrière-Swallow and Labbé，2013)，还限制了数据的应用领域。从这一角度看，寻找质量更高(如更新速度快、数据量大等)的基础数据资源，对于模型预测有效性的提高与结果的改善具有重要的意义(刘志明，2014；Simon，1984)。当前，搜索引擎技术的发展为社会科学领域的预测研究提供了新的途径。因为信息搜索行为是用户为了满足其一定的目标需求而进行信息查询的活动(Wilson，2000)，而用户需求又受到外部环境的影响，所以网络搜索数据与外部环境的变化必然存在对应关系(Moe and Fader，2004)。如果能够有效提取这些网络记录中的搜索信息，并对这些搜索行为数据加以利用，将提升当前的市场预测技术，提高对市场实际预测的能力，为市场参与者的决策提供更有效的信息支持。

近年来，市场预测领域开始积极利用网络搜索数据开展相关研究，并取得了一定的进展。当前，搜索引擎已成为公众获取知识和信息的重要渠道，搜索引擎技术的发展及近年来各大网络搜索数据平台(谷歌趋势、百度指数、360 指数等)的相继开放，为收集消费者的搜索轨迹信息提供了有效的收集工具，通过观察在线搜索揭示的数以亿计的消费者和商家的意图，研究人员可以提高对未来经济活动预测的准确性、粒度(如由预测年度数据精确到预测月度数据，甚至每日数据)和时效性。搜索引擎已经成为消费者决策过程中信息搜索和评价过程的起点，中国互联网络信息中心(China Internet Network Information Center，CNNIC)调查表明，有77%的互联网用户在购买产品之前会上网搜索相关信息。目前，基于网络搜索数据的经济社会类行为预测已成为各领域学者研究的一个新热点。引入网络搜索数据开展研究的方法最早被应用于流行病监测(Johnson et al.，2004；Tierney and Pan，2012)，但当时并未受到太多的关注，这一新兴预测方法真正引起学者的关注是始于2009年的上半年(刘宽斌和张涛，2018；袁庆玉等，2011)。自2009年以来，网络搜索的相关研究逐渐涌现，其应用领域也从医疗健康领域向经济社会领域逐步扩散(王博永和杨欣，2014)，在股票市场预测(邱一豪，2019)、失业率预测(王勇和董恒新，2017；Wang et al.，2013；Barreira et al.，2013)、房地产市场预测(Wu and Brynjolfsson，2015)、产品销售预测(赵一安，2018)等方面发展起来，并取得了一些具有重要意义的成果。

纵观研究起源与发展历程，可以发现：目前该方面的研究尚处于初级阶段，其在不同领域的实际应用效果及差异还需更多的研究予以论证，且相关研究多出自国外，搜索数据来源也多以谷歌搜索引擎提供的谷歌趋势为主，关于该方法核心环节的关键词筛选标准及搜索指数的构建方法也并未达成一致(刘宽斌和张涛，2018；彭赓等，2013)。对于网络搜索数据与经济行为之间的相关性机理分析、关键词选择、数据模型处理等关键问题还需深入研究论证。此外，现有研究以探究网络搜索数据与经济行为的相关性居多，且研究多集中在宏观层面(如疾病、失业率、消费者信心指数)和行业层面(如房地产市场、股票市场)。基于此，本书旨在优化关键词搜索指数构建方法的基础上，重点探讨网络搜索数据与消费产品销量预测和消费者购买意向转移的内在关联机理，并以实证的方式对此问题进行量化研究，对该研究领域开展前沿性和创新性的探索。

1.2 研究内容及意义

1.2.1 研究内容

从当前研究背景出发，为丰富基于网络搜索数据的相关理论与实践研究，本书将研究视角聚焦在国内互联网搜索数据的价值分析问题之上，主要研究内容如下。

(1) 网络搜索数据与消费行为关联的概念模型。基于已有关于网络搜索数据与经济行为相关性的研究，引入消费者购买行为理论，再在消费者购买行为理论中引入网络搜索指数来刻画消费者在网络上进行的信息搜索行为，从消费者购买决策的角度搭建网络搜索数据与消费行为关联的理论分析框架。

(2) 建立基于网络搜索的产品销量预测模型。基于所构建的理论框架，同时引入搜索关键词推荐技术及小组讨论法，优化搜索关键词库的构建，并基于主成分分析法对网络搜索指数合成方法进行改进。在此基础之上，提出产品销量预测模型。

(3) 网络搜索产品销量预测模型的实证研究。选取具有代表意义的汽车品牌作为销量预测模型实例分析对象，以车型的月销量和月搜索指数数据作为实证研究载体，分别针对“特定品牌+特定车型”和“多品牌+多车型”两种情况开展相关实证研究，详细分析国内网络搜索数据与市场销量预测之间的关系。同时，验证模型的实际预测效果，并将其与相关销量预测研究进行对比分析，进一步探讨预测模型的有效性及使用不同网络搜索数据源造成预测效度的差异性。

(4) 基于网络搜索指数的消费者购买意向转移模型。通过对同类竞争品牌的销量与品牌关键词之间相关性的分析，对相关关键词进行分类归纳，探讨其所代表的经济含义，搭建基于网络搜索指数的消费者购买意向转移理论框架和基于网络搜索指数的消费者购买意向转移模型，以刻画在信息搜索阶段消费者购买意向的转移过程。

(5) 网络搜索消费者购买意向转移模型的实证研究。把同一档次的国产运动型实用汽车(sport utility vehicle，SUV)作为研究对象，将实证数据代入消费者购买意向转移模型中进行实例分析，通过对实例数据模型的验证与分析，得到消费者在特定品牌间的购买意向的转移趋势，并根据产品信息分析消费者在信息搜索过程中导致购买意向转移的原因。

1.2.2　研究意义

1. 实践意义

网络搜索数据价值的发现与利用极大地促进了当前市场预测技术的发展。本书基于国内网络搜索指数所构建的市场预测模型，其数据容易获取且成本低，而且模型不仅具有较强的预测时效性，在预测精度上相比传统预测模型及对比模型也更高。此外，基于国内网络搜索指数所构建的消费者购买意向转移模型，可以通过网民搜索数据来探究网民对商品的购买意向及其购买意向的转移趋势。通过代入竞争品牌的实例数据，可以探究消费者的购买意向在竞争品牌之间的实际转移趋势，有助于企业更加精准地进行自我品牌定位和品牌营销效果评估，为企业做决策提供更加及时、有效的理论支撑和数据支撑，提升企业市场竞争能力。

2. 理论意义

(1) 丰富了网络搜索数据与消费行为内在关联机理的研究，在网络搜索关键词库的构建理论及方法与网络搜索指数合成方法方面进行了有益探索，能为后续相关研究提供有价值的理论参考与方法指导。

(2) 丰富了基于国内网络搜索数据预测价值的相关研究，并在产品销量预测模型构建方面进行有价值的研究尝试，尤其是对汽车产品销量预测模型所做的改进分析，拓展了基于网络搜索数据的模型预测分析的视角。基于网络搜索指数的消费者购买意向转移模型则从整体趋势上探究了消费者购买意向转移的方向，丰富了引入网络搜索指数的相关研究内容，并在消费者购买意向转移的模型构建方面进行了有价值的研究尝试。

(3) 以汽车行业为例，实际探索了竞争品牌之间潜在消费者的转移方向，有助于对网络搜索数据价值作进一步的挖掘。以研究实例为代表，也进一步展现了模型在实际营销中的应用价值。

1.3　研究方法

本书基于大数据背景下消费者网络信息搜索行为的分析视角，综合运用消费者行为学、电子商务、统计学、计量经济学及市场预测理论等相关知识，采用先理论分析后实证比较研究相结合的分析方法，对网络搜索数据的价值进行考察与挖掘，并验证引入网络搜索数据的预测模型对实际产品销量的预测效力。基于此，本书主要运用了如下四种研究方法。

(1) 文献研究法。通过文献分析法，分别对传统市场预测方法、把网络搜索数据引入市场预测的研究方法进行系统梳理和归纳，厘清该领域的研究现状、存在的不足及未来的发展方向和趋势，明确研究思路的同时也为后续研究奠定坚实的理论基础。

(2) 统计分析法。本书采用人工收集和网络爬虫相结合的方式，收集研究所需关键词对应的网络搜索指数数据，然后分别采用描述性统计、图表分析、相关分析、时差分析、主成分分析等统计分析方法，对基础数据进行预处理和相关假设检验，并对其进行相关定量化的分析与研究，为进一步的研究提供数据支持。

(3) 模型分析法。基于研究对象、研究目的及研究数据特点，分别建立回归模型、季节自回归模型和分布滞后模型，用以考察网络搜索数据的预测价值，并建立基于网络搜索指数的消费者购买意向转移模型，以刻画消费者的购买意向在竞争品牌间的转移趋势，对比研究数据源差异对实际预测效果造成的影响。

(4) 案例研究法。基于理论研究，本书选取具有代表性的汽车行业，以大众品牌下的“帕萨特”型号的汽车销量作为实例研究对象，对销量模型的预测效果进行验证与分析，探讨国内不同网络搜索数据源的实际预测效果的差异，并以价格为 20 万元左右的国产 SUV 汽车产品为例，对消费者购买意向转移模型进行实例分析，且探讨了消费者购买意向在不同品牌间转移的原因。

1.4　研究创新点

(1) 本书对国内网络搜索数据与市场预测间的关系进行了全面考察，对比分析了网络搜索数据所具有的解释效力、历史产品销量数据所具有的解释效力，以及整合两类数据的整体解释效力，且本书最终构建的基于网络搜索指数的市场预测改进模型显示出良好的预测效果，能为后续具有相似特性的市场预测研究提供有效参考。

(2) 本书以理论分析框架为基础，结合搜索引擎关键词推荐技术及小组讨论法进行关键词选择，优化关键词的筛选方法，并在此基础之上对关键词的网络搜索指数合成方法进行有效改进，丰富了网络搜索数据的处理及分析方法。

(3) 本书尝试对不同搜索指数源（百度指数/360 指数）的数据预测价值差异进行探讨，弥补了现有研究网络搜索指数来源差异对模型预测效果影响研究的不足，有助于充分挖掘网络搜索数据所蕴含的价值，进一步提高预测模型的预测精度，同时降低因搜索数据缺乏代表性对实际研究结果造成不良影响的风险。

(4) 以搜索指数为基础，探究竞争品牌之间的相互影响。这丰富了网络搜索数据与消费行为内在关联机理的研究，将网络搜索数据的研究不仅局限于产品内部，也扩展到品牌之间的竞争关系上，为后续相关研究提供了有价值的理论参考。

(5) 搭建基于网络搜索指数的消费者购买意向转移模型，从大数据趋势而非个体差异的角度探究消费者在竞争品牌之间购买意向的转移问题。这丰富了国内网络搜索指数的应用，并在消费者购买意向转移模型构建方面进行了有价值的研究尝试。

(6) 以汽车行业为例，从实际探究了在信息搜索阶段，潜在消费者的购买意向在竞争品牌之间的转移方向，展现了消费者购买意向转移模型对竞争品牌间的相对竞争地位及网络营销效果的评估价值，从而体现了本书研究的实践应用价值。

第2章 理论背景

2.1 网络搜索指数概述

2.1.1 网络搜索指数

互联网的使用与普及，尤其是网络搜索引擎的使用，极大地改变了人们获取信息的习惯与渠道。据中国互联网络信息中心(CNNIC)第 42 次《中国互联网络发展状况统计报告》的数据统计：随着互联网的发展，网民规模和网络普及率呈明显的增长趋势，截至 2018 年 6 月，我国网民整体规模达 8.016 亿人，互联网普及率达 57.7%①，如图 2.1。据 CNNIC 中国网民搜索行为研究报告数据显示，截至 2018 年 6 月，全国搜索引擎用户规模达 65688 万人，占整体网民比例达到 81.9%，且自 2015 年以来，该比率一直维持在 81%以上②，如图 2.2，可见网络搜索引擎具有不可替代的基础性作用。

搜索引擎在本质上充当了信息资源与用户(信息需求者)之间进行信息交换的中介，在帮助实现信息流通的同时也以搜索数据的形式对这些用户行为做了记录，使得网络空间上留下了消费者的各种搜索行为数据，而这些行为数据又与消费者的实际消费行为有着密切的关联(刘宽斌和张涛，2018)。因此，我们基于网民的搜索行为数据记录，对一段时间内相关搜索关键词的搜索量进行统计分析，得出网民行为量化表现的数据称为关键词网络搜索指数，它可以有效地度量特定时间段内用户对有关事物的关注度。

最早开始提供这种数据分析服务的是谷歌公司，其于 2006 年推出了谷歌趋势(Google trends)，同年 6 月，百度公司也推出了类似的数据分析服务平台——百度指数(Baidu Index)；在 2013 年，奇虎 360 科技有限公司也发布了自己的数据分析平台——360 指数。另据 CNZZ③的统计数据显示，本书所取样本数据的中间时期为 2015 年，其间百度搜索引擎与 360 搜索引擎的市场占

---

① 中国互联网络信息中心. 第 42 次中国互联网络发展状况统计报告[EB/OL].［2018-8-20］. http://www.cnnic.net.cn/hlwfzyj/hlwxzbg/hlwtjbg/201808/t20180820_70488.htm.

② 中国产业信息. 2019-2025 年中国搜索引擎行业市场调查及发展趋势研究报告[EB/OL].［2018-11-2］. https://www.chyxx.com/research/201811/688574.html.

③ CNZZ 是中国互联网目前最有影响力的流量统计网站。

有率分别为54.03%和29.24%，在用户使用率方面，百度搜索引擎和360搜索引擎也分别达到了56.33%和29.01%，如表2.1所示。

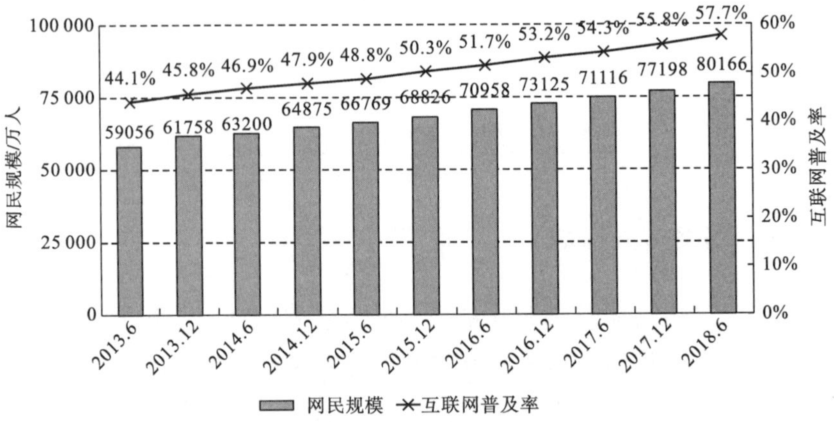

图2.1　中国网民规模与互联网普及率

资料来源：CNNIC发布的第42次《中国互联网络发展状况统计报告》

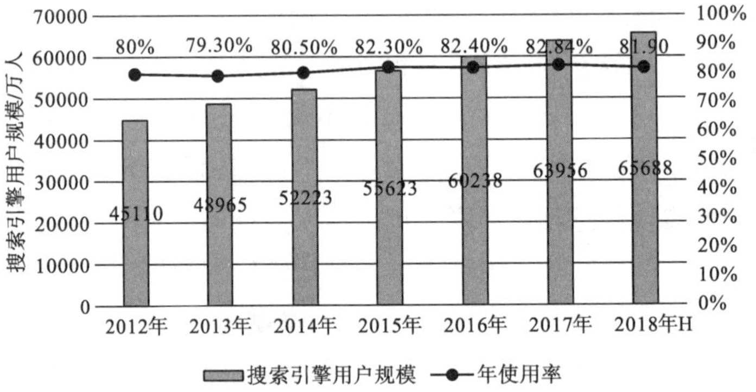

图2.2　2012～2018年上半年中国搜索引擎用户规模及增长情况

资料来源：《2019—2025年中国搜索引擎行业市场调查及发展趋势研究报告》

表2.1　2015年部分搜索引擎的用户使用率和市场占有率统计情况

搜索引擎类型	用户使用率	市场占有率
百度	56.33%	54.03%
360	29.01%	29.24%
搜狗	12.75%	14.71%
21CN	0.75%	0.45%
微软必应	0.71%	0.95%
谷歌	0.27%	0.34%

资料来源：CNZZ数据中心

由此可见，搜索引擎作为互联网的基础应用，已成为网民获取信息的重要工具和手段。因搜索在网络上留下了数据化的证据，为相关研究提供了数据支撑，并且随着一些具有代表性的搜索引擎公司对相关搜索指数产品的推出，极大地降低了数据获取的成本。此外，随着互联网市场的不断发展和演进，国内各大搜索引擎的市场占有率和用户使用率也在不断发生变化，而被推出的一系列搜索指数产品都是基于各自搜索引擎上记录的数据，这种不同搜索指数源的统计数据在实际的研究应用中是否会对研究结果产生重要影响，现有研究对此问题的关注与探讨还很鲜见。因此，本书对不同网络搜索指数预测效果差异的探讨显得很有意义与价值。

2.1.2 百度指数

1. 简介

百度指数作为目前国内最大的网络搜索指数分享平台，基于其自身积累的海量数据分析得出网民搜索行为趋势信息查询服务。它的核心是以海量网民在百度平台的综合搜索量数据为基础，将关键词作为最小统计粒度，科学分析并计算各关键词被网民检索的次数加权和(王曙，2013)。目前，根据原始搜索数据来源的差异，百度指数主要分为整体搜索指数、PC 搜索指数和移动搜索指数三类。其中，PC 搜索指数积累了自 2006 年 6 月至今的数据，移动搜索指数展现了自 2011 年 1 月至今的数据。此外，百度指数查询平台还提供一些高级功能模块，主要包括关键词搜索需求图谱、搜索人群特征基础画像，以及基于行业的关键词搜索人群属性、地域分布等信息查询。百度指数作为国内互联网及数据时代最重要的开放统计分析平台之一，其提供的强大数据分析与共享服务，越来越受理论界和社会实践界的关注。

2. 平台使用方法介绍

随着互联网的逐步发展，百度指数平台也在不断地迭代优化，提供并开放了一系列的数据分析模块。根据本书的需要，重点介绍趋势研究模块和需求图谱模块。

趋势研究模块提供自 2011 年 1 月至今用户每天查看单个关键词整体搜索指数变化趋势。如图 2.3 所示，以关键词“大众帕萨特”为例，在百度指数平台搜索框输入关键词，设置好时间区间(图 2.3 以一年为例)，点击“搜索”就可以看到相应关键词在一年中的关注度变化趋势，且当把鼠标移到对应的位置时，可以查看每天对应的搜索指数数据(该数据是基于百度指数平台上海量网民对特定关键词搜索量数据加权计算得出)。因此，百度指数平台提供的这项数据统计分析服务为本书获取消费者的消费需求行为数据奠定了研究基础。但与此同时，由于目前该数据分析服务仅提供在线数据查看，并不提供指数数据下载服务，这为本书的研究数据收集带来了较大工作量。目前，本书相关关键词搜索指数的数据采集主要依靠人工，这一方面增加了研究工作量，另一方面也对研究进度造成了一定影响。

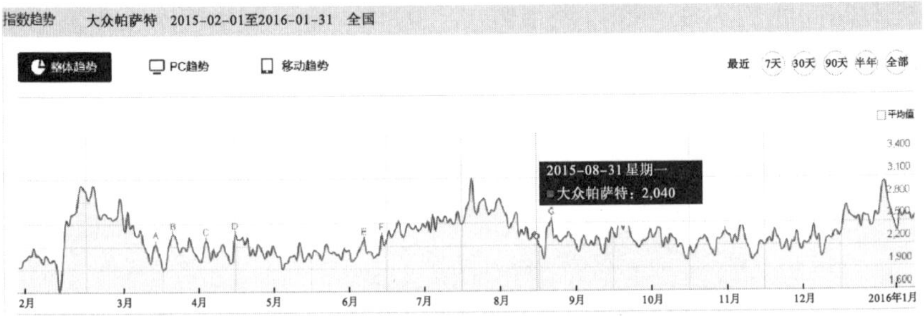

图 2.3　关键词百度指数整体趋势图

搜索时间范围为 2015 年 2 月 1 日至 2016 年 1 月 31 日

需求图谱模块是百度指数平台提供的高级数据分析功能，又可以分为两个子模块：需求图谱和相关词分类。它通过分析用户在搜索相关关键词时的搜索行为记录，统计与中心词相关的检索词需求。这里仍以关键词“大众帕萨特”为例，当搜索该关键词并选择需求图谱模块时，可以查看到对应时段的需求图谱和相关词分类信息，分别如图 2.4 与图 2.5 所示。

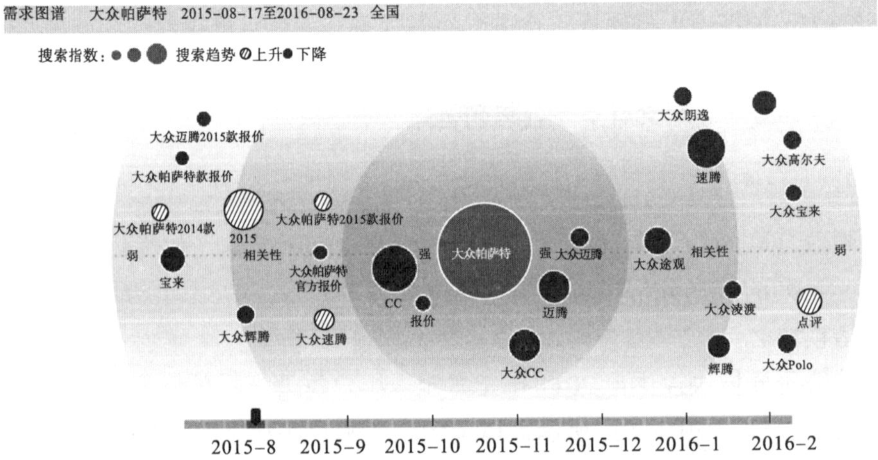

图 2.4　中心关键词需求图谱展示图

搜索时间范围为 2015 年 8 月 17 日至 2016 年 8 月 23 日

图 2.5　中心关键词相关词分类展示图

搜索时间范围为 2015 年 8 月 17 日至 2016 年 8 月 23 日

其中，图 2.4 的中心关键词需求图谱模块，显示了用户在搜索该关键词前后其搜索行为变化中表现出来的检索词需求；而图 2.5 的中心关键词相关词分类模块，则显示用户在搜索中心词之前与之后的搜索需求，以及与中心词相关的所有词中搜索指数热门的关键词。该模块提供的关键词分析功能为本书后续研究构建的关键词库提供了有效的技术支撑，保证了关键词库扩充的有效性和可行性。

2.1.3　360 指数

类似于百度指数平台，360 搜索也推出了自己的网络搜索关键词数据分析平台——360 指数(原好搜指数)。360 指数是以 360 综合搜索引擎记录的海量网民行为数据为基础的数据分析平台，提供关键词搜索走势变化、需求图谱及人群特征等数据分析服务。下面仍以“大众帕萨特”为例来介绍 360 指数平台。如图 2.6 与图 2.7 所示，分别为关键词 360 指数趋势图、中心关键词相关搜索趋势图。

从图 2.6 与图 2.7 可以看出，360 指数平台也能够提供关键词的搜索指数数据，并具备相关搜索词推荐功能模块，保证了本书研究数据的可行性。此外，因为 360 指数平台上提供的关键词搜索趋势数据并未严格加密，所以本书的研究团队开发出的数据爬虫软件，可以抓取自 2013 年 1 月(360 指数平台当前开放数据查询的起始日期)以来每天的关键词搜索指数数据，极大地提高了本书所需相关数据采集的效率。

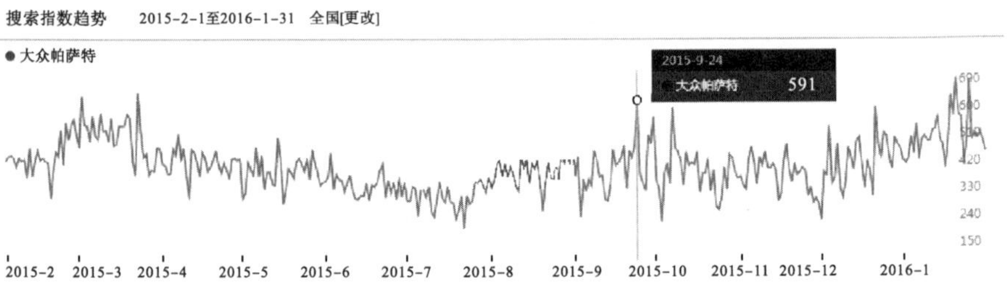

图 2.6　关键词 360 搜索指数趋势图

搜索时间范围为 2015 年 2 月 1 日至 2016 年 1 月 31 日

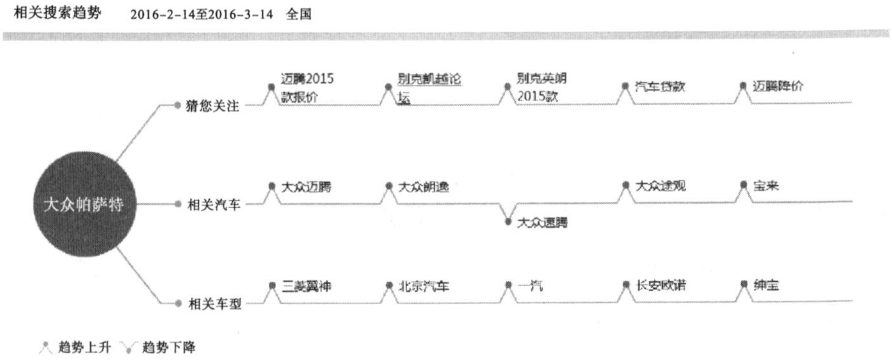

图 2.7　中心关键词相关搜索趋势图

搜索时间范围为 2016 年 2 月 14 日至 2016 年 3 月 14 日

2.2　市场预测与传统市场预测方法发展概述

2.2.1　市场预测发展概述

有效的市场预测，无论对于企业自身战略调整和内部决策制定，还是对于消费者做出购买决策，以及对于国家进行宏观经济调控，都有着重要的参考价值(李霞，2012)。市场预测是随着生产力和科学技术的发展，逐步建立并发展起来的。

预测技术是 20 世纪 20 年代中期由德国人首先提出的，随后迅速传播到世界各国。目前，理论界关于市场需求预测的研究相对丰富，已经归纳了许多传统预测方法(技术)。然而，随着互联网的快速发展与不断普及，人们获取信息的渠道和习惯发生改变，使得传统的预测方法发生了巨大变化，尤其是搜索引擎技术的发展，使得网络搜索数据的收集成为可能。2009 年以后，学术界逐渐开始使用网络搜索数据开展市场预测的研究，开辟了市场预测的新途径。本书首先对相关传统市场预测研究及方法进行回顾，再在此基础上重点对引入网络搜索数据开展的相关研究进行系统梳理和综述，以奠定理论基础，同时明确研究的开展方向。

2.2.2 传统市场预测方法概述

传统市场预测方法非常丰富，主要可以分为以下两大类。一类是定性预测法，如经验判断预测法、专家预测法（如德尔菲法）、主观概率法、顾客意见调查预测法等；另一类是定量预测法。定量预测法众多，主要包括回归模型预测法、时间序列模型预测法、神经网络预测法、支持向量机（support vector machine，SVM）预测模型、灰色系统预测法、组合模型预测法等。例如，倪冬梅等（2013）以快速消费品（以饮料销量为实例）为研究对象，建立了时间序列分析与多元回归整合的需求预测综合模型。宫剑和李洁玲（2014）以制药企业的药品需求为研究对象，首先选取反向传播（back propagation，BP）神经网络预测法和广义回归神经网络（general regression neural network，GRNN）预测法，分别对药品需求进行预测，然后建立了基于神经网络的药品需求组合预测模型，并证明了该方法的预测精度和稳定性更高。刘晶等（2017）以影响农产品线上销量的九大因素为基础建立评价指标，提出一种基于深度学习的线上农产品销量预测模型——皇冠模型，从农产品线上交易的历史数据出发，对当前线上农产品交易数据进行销量分类预测。徐欢（2018）将预测与决策结合，提出一个新的 FBNV 模型，将线性回归和报童问题转变成一个问题，同时，使用阿里天池大数据平台上的数据，验证新模型的有效性。在对传统市场预测研究进行梳理的过程中发现，传统需求预测方法的相关研究非常丰富，开展相关研究的历史也相对较长，所使用的预测方法也较多，虽然存在着一些不足，但仍能达到一定的预测效果。不同的方法也都有各自较适合的使用情景，而时间序列模型（自回归模型、自回归移动平均模型等）在实际的市场需求预测研究中，却有着更广泛的应用，尤其是在研究产品和服务的市场需求时。

2.3　引入网络搜索数据预测的文献综述

2.3.1　研究起源

利用网络搜索数据开展预测研究最早主要集中在疾病监测方面。Johnson 等(2004)以流感发病率为研究对象，搜集了医学类网站上有关流感的信息访问次数和美国疾病控制中心(Centers for Disease Control，CDC)公布的流感发病人数，分析发现，CDC 公布的实际流感发病人数与相应信息的搜索及访问次数存在强相关关系。Ginsberg 等(2009)通过研究谷歌搜索引擎中相关关键词的搜索量与流感发病率的关系发现，利用网络搜索数据能比疾病控制中心(采用传统预测方法)提前 1～2 周预知流感的暴发，还可分区域进行监测。Seifter 等(2010)在研究网络上的特定关键词与传染病(莱姆病)发病率的关系时，发现互联网上相应关键词的搜索量变化与疾病的发病率两者之间显示出较强的线性关系。相关研究实践的开展，开辟了市场预测的新途径，与传统预测技术相比，这种全新的预测技术所凸显出来的优势引起了学术界的关注与重视，随后该技术相继涌现在不同领域的研究中，研究领域从最初的流行病监测(Johnson et al.，2004；Tierney and Pan，2012)，逐渐扩展到了微观经济市场及宏观经济市场领域，并取得了相关研究成果(王博永和杨欣，2014)。

2.3.2　网络搜索与经济行为相关性研究综述

在网络经济时代，互联网承载着海量用户的搜索行为信息，这些行为信息随着搜索技术的发展变得有迹可循。网络搜索引擎在为网民提供各种信息检索的同时，也记录着他们对信息的检索过程，并形成网民的检索行为数据，这些基于海量网民行为数据的集合被称为用户的“意图数据库”(D’Amuri and Marcucci，2009)，可以在一定程度上从整体反映用户对特定事物的关注度，并折射出他们在现实中的行为规律和趋势(Choi and Varian，2012)。近年来，越来越多的研究开始对网络搜索数据与公众行为进行相关性分析。例如，国内学者孙毅和吕本富(2011)分别从微观层面、行业层面和宏观层面三个方面，对网络搜索与经济行为的相关性研究进行详细综述。在行业方面，现有学者分别研究了股票价格波动、房产销量与价格、石油价格等与网络搜索数据的相关性，结果表明，相关关键词的网络搜索量的变化趋势与未来相应经济行为的变化趋势有很强的一致性。洪涛和厉伟(2015)利用 2011 年 1 月至 2014 年 12 月的时间序列数据分析网络搜索数据是否能够增强中国住房价格的解释能力，分析显示：以“房价”为关键词得出的百度指数能够解释中国住房价格的部分波动，将其引入传统模型，显著增强了住房价格预测的准确性。刘宽斌和张涛(2018)从价格决定理论出发，构建商品价格波动与个体网络搜索行为之间关系的逻辑框架，并建立利用网络搜索指数日频率数据实现对月度 CPI 预测的混频数据抽样模型(MIDAS)。该模型的模拟结果表明：利用网络搜索高频数据的预测方法能提高 CPI 样本内拟合和样本外预测的精度；利用网络搜索高频数据能够提高捕捉 CPI 趋势中“拐点”的成功率；利用网络搜索高频数据能够在早于官方公布数据前的半个月内提供较高预测精度的 CPI 预测值。

2.3.3 经济市场预测方面的研究综述

随着对网络搜索数据所蕴含价值的发现，获取海量网络搜索数据(谷歌趋势、百度指数等)逐步成为可能，在经济市场预测方面利用网络搜索数据进行的研究不断涌现，并取得了一系列的研究成果。近年来，在经济市场预测方面引入网络搜索数据进行的研究大致可以分为两个层面：宏观经济市场预测层面和行业市场预测层面。

1. 宏观经济市场预测

网络搜索数据在宏观经济市场预测方面的研究主要集中在失业率和消费指标领域。在失业率预测方面，Askitas 和 Zimmermann(2009)研究了关键词网络搜索量与德国失业率之间的相关关系，实证结果表明：失业率与相关关键词搜索量间有很强的相关性，有助于提高预测失业率的时效性和准确性。Choi 和 Varian(2012)以一阶自回归模型为基础模型，建立添加工作、失业等网络关注度变量的比较模型，同样对社会失业率进行了预测研究，对比结果表明，引入网络搜索数据的分析模型的预测精度更高。Wang 等(2013)和 Barreira 等(2013)也开展过失业率与网络搜索数据相关性及预测的研究，得出了类似结论。王勇和董恒新(2017)从五种常用的预测方法中筛选出最优的支持向量机回归模型，对中国季度失业率进行了预测研究，研究表明：基于网络搜索数据预测的失业率能够比官方数据更早地反映失业趋势的变化，预测失业率与修正后的失业率水平接近。

在消费指标方面，Kholodilin 等(2009)将消费者信心指数作为研究对象，对比了利用传统消费者信息指数与利用网络搜索数据构建的消费者信心指数，对于美国消费者的个人消费行为的预测效果，结果显示：基于网络搜索数据构建的指数预测效果更好。Vosen 和 Schmidt(2009)同样以消费者信息指数作为研究对象，实证分析表明：消费者信心指数与网络搜索数据的相关程度很高，且搜索数据的引入有助于提高对实际问题的预测精度。Guzman(2011)运用谷歌搜索量数据对通货膨胀率进行预测，结果显示：网络搜索数据的引入有助于提高模型对通货膨胀率的预测精度和时效性。我国学者孙毅等(2014)采取类似思路，基于主成分分析的搜索指数指标合成方法，进行消费者信心指数构建，结果表明：与传统消费者信心指数相比，基于网络搜索行为的消费者信心指数具有更强的预测能力，对社会商品零售总额的长期趋势判断更加准确，对短期波动的预测精度也更高。左晨晓和孔琪(2016)利用百度搜索量数据通过因子分析构造网络消费者信心指数，并且构建线性回归模型来研究消费者信心指数对相关经济指标的影响，发现百度搜索量大数据和消费者信心指数之间具有较强的相关性。刘伟江和李映桥(2017)利用搜索引擎中的关键词搜索数据所合成的网络消费者信心指数，以中国规模以上企业工业增加值作为测量经济增长的量化指标，分析中国网络消费者信心和经济增长的动态相关关系和相互作用情况。

2. 行业市场预测

在行业市场预测层面，相关学者利用网络搜索数据分别在股票市场、零售业、旅游与影视业、房地产业等方面开展了研究尝试，取得了较丰富的研究成果。在股票市场预测方面，刘颖等(2011)以谷歌趋势作为网络搜索数据源，研究了网络搜索与股票市场的相关关系及其预测能力，研究将相关网络搜索数据按其经济含义分别合成为宏观形势搜索指数、市场行情搜索指数及股民行动搜索指数，并以此进行模型构建及预测分析，研究表明：合成的网络搜索指数对上证指数[①]年收益率存在显著的预测效力。Kristoufek(2013)研究表明，网络搜索数据对股票市场波动有很强的预测价值，合理利用网络搜索数据进行投资策略制定，将有助于降低股市风险。张谊浩等(2014)通过实证研究发现股票市场能影响网络搜索，但网络搜索可以在更大程度上影响并

① 上海证券综合指数简称“上证指数”。

预测股票市场的表现，网络搜索与股票收益间存在的内生性问题对预测效果的影响很小。Zhi 等(2011，2015)将搜索词频作为股票市场投资者注意力的代理指标，研究发现网络搜索与股价波动间存在相关性，且搜索词频的增长会带来交易量的增长。王耀君等(2018)通过建立横截面回归模型、面板联立回归模型等分别探究了网络搜索指数对中国股票市场的收益率、流动性以及波动率的影响，结果发现：股票的关注度增加，会提高股票市场交易的流动性和收益率。

在零售业方面，Choi 和 Varian(2012)以福特汽车、雪佛兰汽车、丰田汽车等的销量作为研究对象，以谷歌趋势作为网络搜索数据源，对销量数据与网络搜索数据间的关系进行了考察，分析发现，两者之间具有很强的相关性，而且引入网络搜索数据的预测模型与其他将网络搜索数据排除的模型相比，平均绝对误差(mean absolute error，MAE)更低，预测效果更好。孙毅等(2014)提出了基于网络搜索行为构建消费者信心指数的研究设计，从消费者购买决策的角度建立概念框架。其结果表明：与传统消费者信心指数相比，基于网络搜索行为的消费者信心指数领先宏观经济景气一致指数 6 个月，预警预测能力更强；对社会商品零售总额的长期趋势判断更加准确，对短期波动的预测精度更高，平均相对误差可降低 30%。李方一等(2016)以安徽省为例，选取区域工业增加值等指标为预测目标，运用 K-L 信息量法与时差相关性分析建立区域经济预警模型，并对模型进行了拟合检验和预测检验。其结果显示：部分关键词的网络搜索数据能够有效地用于预测区域工业增加值和社会消费品零售额的月度变化，预警模型具有较好的准确性与时效性。叶提芳(2018)基于湖北省的数据，研究网络搜索数据能否优化以往仅使用政府统计指标对社会消费品零售总额的预测。其实证结果显示，网络搜索数据的加入显著地改进了仅用政府统计指标做解释变量模型的预测效果，网络搜索数据是政府统计数据的良好补充。

在旅游与影视业方面，Kulkarni 等(2012)以电影票房作为研究对象，利用定制的数据统计软件统计特定关键词的网络搜索数据(主要包括 Google、Yahoo、MSN)，以此来进行模型构建(分别建立了包含搜索数据、不包含搜索数据及综合两者数据的综合模型)，并对电影发布周及后续票房进行预测，分析发现，网络搜索数据的引入对模型预测精度的提升有很大的促进作用。黄先开等(2013)基于百度指数，对网络搜索数据与旅游景区游客量的关系及预测进行了研究，并以北京故宫为例，利用计量经济学中协整理论和格兰杰因果检验分析了关键词搜索数据与北京故宫实际游客量的关系，分别建立了加入百度搜索指数解释变量和不加百度搜索指数解释变量的自回归移动平均模型(Auto-Regressive Moving Average，ARMA)；其结果表明：景区实际游客量与百度关键词搜索指数之间存在长期均衡关系和格兰杰因果关系，且加入搜索数据的分析模型的预测时效性和精度都更高。王炼(2014)建立了一个将网络搜索与电影票房联系起来的模型，考察了影片上映前后消费者网络搜索的动态变化及其在电影票房预测中的作用。其结果显示，影片网络搜索量及增长趋势都能预测该影片的首映周票房。对于后续周票房，动态联立方程模型的估计结果表明，网络搜索既是电影票房的先行信号，也是电影票房的后向结果。张斌儒等(2016)对 2009 年以后基于网络搜索数据的旅游需求预测相关文献进行评述。其结论显示：与基准模型相比，加入网络搜索数据的模型能显著提高预测精度。张玲玲等(2018)基于网络搜索数据和历史客流量数据构建模型，并探索其对旅游市场客流量的预测作用。他们通过聚类方法筛选关键词，选取与预测变量的波动趋势具有相关性的关键词合成关键词指数，结合历史数据进行修正并建立自回归滞后模型，相对于单一使用历史数据或搜索指数进行预测的方法，其预测准确度有很大提升。

在房地产业领域，董倩等(2014)以大中城市的二手房价格和新房价格作为研究对象，以百度指数提供的关键词网络搜索指数作为分析数据源，对模型的预测效果进行了研究，分析结果表明，百度指数提供的网络搜索数据不但能较好的预测房价指数，而且还能比官方发布的数据提前约两周预测。Wu 和 Brynjolfsson(2015)以美国房地产市场销量和价格为研究对象，利用谷歌趋势提供的相关关键词搜索数据作为分析数据源，进行模型构建和预测研究，分析显示，房屋的实际销量及价格与合成出来的网络搜索指数高度相关，并且含有合成搜索指数的预测模型相比仅含传统数据模型的平均绝对误差更低。曹小琳和牟红(2016)以全国商品房销售面积作为研究对象，以百度指数数据为基础，构建回归模型对全国商品房销售面积进行拟合和预测。其结果表明：基于网络搜索数据的预测模型不仅能较好地预测全国商品房销售面积，具有较高的时效性，也能分析房地产市场各参与主体的行为趋势与规律。喻予(2018)认为从股票市场到房地产市场等众多研究，其从在线大数据中获取信息的预测效力都获得广泛的支持。房地产基本上是市场作为主要动力，但情绪也在定价方面发挥着作用。尽管研究解释了难以解释的真实数据，但对于作为泡沫产生和破裂根源的情绪数据来说，实际上更具有挑战性

(Penna and Huang，2009)。

除上述归纳的之外，网络搜索数据还引入到其他领域做预测研究，如政府调控方面等，也都取得了一些有意义的结论。

通过对现有相关研究的研读和梳理归纳可以发现，现有研究表明，网络搜索数据与实际的市场需求预测之间具有较强的相关关系，并且在传统预测模型中引入网络搜索数据有助于提高模型的预测精度和时效性，增强预测模型的实用性。因此，网络搜索数据已成为市场预测领域的研究热点，其应用领域也在不断扩展。另外，现有引入网络搜索数据开展经济市场预测的相关研究，其分析模型以时间序列模型和回归模型居多，网络关键词的选择及指数合成标准并未达成一致。此外，引入网络搜索数据进行预测的研究几乎出自 2009 年之后，该方面的研究尚处于初级阶段。

纵观相关研究，利用网络搜索数据开展市场预测研究的可行性得到了初步验证，该方法在各领域的应用尝试也取得了初步的进展，但是依然存在以下几点不足：第一，现有研究多重视预测工具的价值，缺乏对网络搜索行为与研究对象内在关联性的探讨；第二，网络搜索关键词的选择及网络搜索指数的合成方法并未达成一致，现有研究多采取直接取词或范围取词，取词主观性强，且多偏向于“先确定关键词，再对关键词进行逐步合成”的局部视角；第三，现有研究网络搜索指数的来源多以谷歌趋势为主，一方面缺乏对搜索数据来源差异的探讨，另一方面针对国内网络搜索数据与市场预测间关系的理论和实践研究还相对匮乏；第四，现有的关于网络搜索指数与市场经济行为的相关研究更多地将侧重点放在相关系数的大小上，却忽视了不同滞后期相关系数所代表的经济含义；第五，目前的研究多在销量预测上，没有真正探索搜索指数与销量等经济行为之间的内部关系，缺少搜索行为与结果产出之间的行为研究。

2.4　本 章 小 结

本章首先对网络搜索指数的概念、研究使用的搜索指数平台及其使用方法进行了介绍；然后，对市场预测技术的发展与传统市场预测方法进行了概述，在此基础之上，结合本书研究的问题，对引入网络搜索数据开展预测研究的相关文献进行了详细综述，主要包括网络搜索的研究起源、网络搜索与经济行为相关性研究及网络搜索数据在经济市场预测方面的研究综述。

第3章　理论框架与网络搜索指数合成体系

3.1　基于消费者网络信息搜索的模型理论框架

3.1.1　消费者购买决策过程

消费者购买决策指消费者谨慎地评价某一产品、品牌或服务的属性，选择、购买并满足某一特定需要的过程(王惠东，2010)。虽然当前许多研究分别从各自的角度提出了消费者购买决策模型，但其核心基本保持一致。其中，非常具有代表性的是EBM①模型，它因相对简洁、通用而得到广泛应用(Teo and Yeong，2003)。该模型认为，消费者购买决策过程主要包括五个阶段，分别是需求认知、信息搜集、方案评估、购买决策及购后行为(图3.1)。

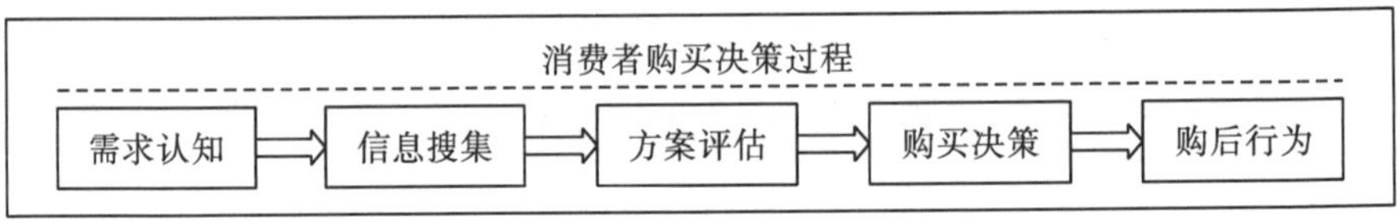

图3.1　消费者购买决策过程模型

(1)需求认知。消费者的购买决策始于其意识到自己有某种需求，影响这种需求产生的原因有很多，可能是由外界刺激引起，也可能是由内在的生理活动所产生。例如，消费者想要改善自己的出行条件则选择自己购车，或者接触到在自己经济能力承受范围内的汽车广告的刺激则选择购车等。

(2)信息搜集。确认需求后，消费者往往会通过多种途径搜索能够满足他们需求的各种信息。在此过程中，有很多对最终购买决策产生重要影响的因素，如产品的性能参数、消费者口碑、相关新闻及广告推广等。在这个阶

① EBM，跨线精营销的简称，指基于线上线下的环境和经营技术差异，整合互联网和非互联网的联动运营而形成的一整套增值业务流模型。（注：E是互联网的简称，B是品牌的简称，M是市场营销的简称）

段，在线综合搜索引擎与其他能提供产品比较的搜索引擎往往能给消费者提供更多获取信息的帮助。

(3)方案评估。这个阶段是购买决策过程中的决定性环节。由于消费者在前期通过多种途径搜集到的相关信息可能存在不统一甚至有相互冲突的地方，所以，他们一般仍需要进一步对此问题进行综合分析与评估，最后再做出选择(王耀君等，2018)。

(4)购买决策。购买决策指消费者对商品信息进行比较和评选后，形成购买意愿并做出购买决策的过程。这个过程中，他人的态度和意外情况都有可能改变消费者的购买意图。

(5)购后行为。消费者购后行为主要包括购买后的满意程度及购后相关活动。消费者购买后的满意程度会对消费者的购后行为产生直接且重要的影响，并且还会影响其他消费者，如购后分享所发表的商品评价及产品口碑能影响其他消费者对品牌的认知。

不同消费者购买决策过程的复杂程度不同，对其产生影响的因素也非常多。例如，同类产品非常多，而且不同品牌之间具有较大的差异性，产品价格还比较高，在这种情况下，对于缺乏相关产品知识且没有实际购买经验的消费者来说，其感受到的风险就比较大，这就导致其实际的购买决策过程也比较复杂。当处于这种复杂的购买决策过程中时，对于普通消费者来说，他们大多需要进行全面的信息搜集、详细的产品评估、谨慎的购买决策、认真的购后评价等几个主要阶段，如买房、买车等。

3.1.2　AIDMA 模式与 AISAS 模式

1. AIDMA 模式

AIDMA(attention、interest、desire、memory、action)模式在消费者行为学领域里是非常经典的理论模型之一，由美国学者 E.S.刘易斯于 1898 年提出，该模式对消费者购买商品前的心理过程进行了有效总结，非常具有代表性，他提出，从接触信息到最后完成购买，消费者一般会经历五个阶段(图 3.2)。

该模式能够有效地将消费者的购买行为进行模型化，从而对实现更有效的商品宣传非常有参考价值，也有助于我们深入理解消费者的购买心理变化。但是，该理论也存在一定的局限性，它没有细化到商品的不同类别，在实际分析过程中我们会发现，它更适用于复杂的购买决策过程，对于普通的商品来说，实际的购买决策相对比较简单。

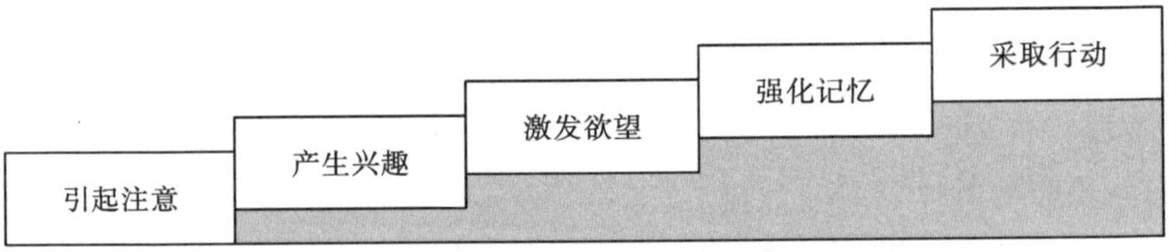

图 3.2　AIDMA 模式图

在网络时代到来之前，该理论可以有效地解释实体经济里消费者的购买行为。但是，随着互联网的发展，该理论的局限性越发凸显，它对一些消费者的典型行为特征已不能做出较好的解释。基于此，日本电通集团于 2005 年结合互联网时代的特点，提出了基于网络购买消费者行为的 AISAS(attention、interest、search、action、share)模式，相比 AIDMA 模式，该模式能够更加准确地概括在互联网条件下，消费者获取信息及分享信息的能力。

2. AISAS 模式

从传统时代到网络时代，互联网与移动应用呈指数级的增长和普及，时代的发展与变革不仅使营销方式产生了改变，也使消费者的生活方式发生了很大的变化。基于互联网时代条件下的 AISAS 模式，非常好地体现了网络条件下消费者购买行为的两个重要环节，即购前主动搜寻(search)与购后信息分享(share)，并将其作为核心环节来考察。基于网络时代特质的 AISAS 模式如图 3.3 所示。

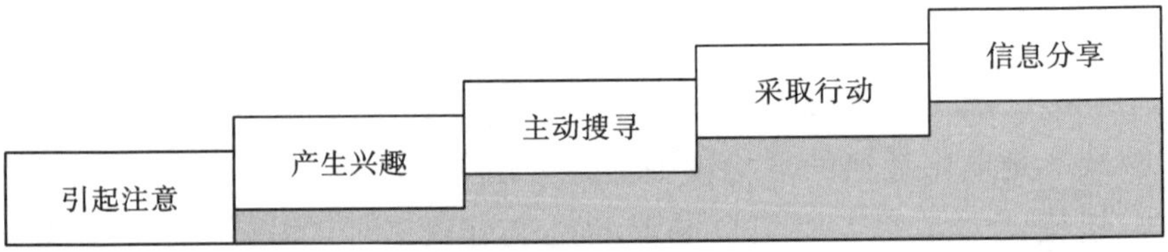

图 3.3　AISAS 模式图

由 AIDMA 模式向 AISAS 模式的转变，很好地体现并突出了主动搜索(search)和信息分享(share)对网络时代的重要性和必要性，它们影响并极大地改变了网络环境下人们的生活习惯与消费方式。从用户的角度，利用搜索引擎进行信息检索，极大地改变了消费者传统的消费行为模式。据 CNNIC 发布的《2015 年中国网民搜索行为调查报告》统计，有 77%的用户在有购物需求时会通过网页搜索相关信息[①]。消费习惯的改变会影响消费者的购买行为，图 3.4 显示了传统条件下消费者行为模式与互联网影响下消费者行为模式的差异。从图 3.4 中可以看出，在整个消费过程中，搜索变得非常重要，搜索结果的好坏会对最终的消费行为产生重要影响，并通过信息分享进行扩散。此外，网络上检索到的相关信息、消费者的评论都会对购买决策产生影响，这种影响还会有效形成一个闭合的信息流，造成的影响将远超传统媒体。

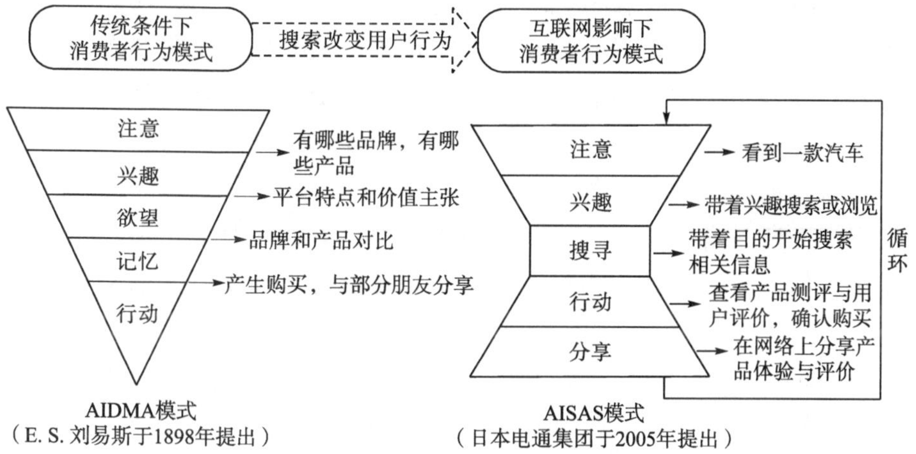

图 3.4 传统消费行为模式向互联网消费行为模式的转变趋势

3.1.3 模型理论框架

结合第 2 章的文献综述与上述消费者购买行为理论分析可以看出，在消费者购买行为过程中，信息搜集与处理占有非常重要的地位(Bettman et al., 1998)。在现实生活中，对于普通消费者来说，当其做出的购买决策越复杂，其对相关信息的需求也就越旺盛。学者张结魁(2010)的研究也进一步表明，信息需求量对信息搜寻量具有非常显著的影响。当前，虽然消费者有多种信息获取渠道，如传统媒体、社会关系等，但是在互联网时代，相比这些传统的信息搜集渠道，互联网无疑可以更加方便、快捷地帮助消费者搜集更多、更全面的信息。学者 Klein 和 Ford(2010)在对信息来源划分维度的研究中发

① 中国互联网络信息中心. 2015 年中国网民搜索行为调查报告[EB/OL]. [2016-7-26]. https://www.cnnic.cn/hlwfzyj/hlwxzbg/ssbg/201607/t20160726_54378.htm.

现，消费者的传统信息搜索习惯正逐渐被基于互联网的信息搜索习惯所替代。此外，CNNIC 的调查报告显示，截至 2014 年 6 月，有 95.4%的搜索用户通过综合搜索网站搜索信息，且有 70.9%的用户在有购物需求时会进行搜索，搜索引擎已成为消费者在网络中获取信息最常用的工具①。现有相关研究也进一步表明，网络搜索行为是消费者真实购买意愿的有效反应(Choi and Varian，2012；黄先开等，2013；王炼，2014)。由此可见，这种由消费者购买前普遍存在的信息搜索行为在搜索引擎、社交媒体等网络应用系统上留下的信息表现，是对消费者购买决策过程的真实记录(孙毅等，2014)。

基于以上分析，从消费者购买行为的角度，可以建立基于消费者网络信息搜索的理论分析框架(图 3.5)。其基本思想是：消费者对实际产品购买的需求变化的最直接市场表象是产品市场销量的变化，而在网络信息上的表现则主要是相关网络信息搜索及浏览指标的变化，并且由前面的理论分析可知，这两种信息的变化在时间维度上存在一定滞后性，所以它们之间除存在一定的相关关系以外，还存在一定的先行滞后关系。因此，网络搜索数据本身所具有的领先性、易获取性使得信息能被有效识别，并将搜索引擎记录的先行指标用于市场预测，这显得非常有理论研究意义和实践应用价值。

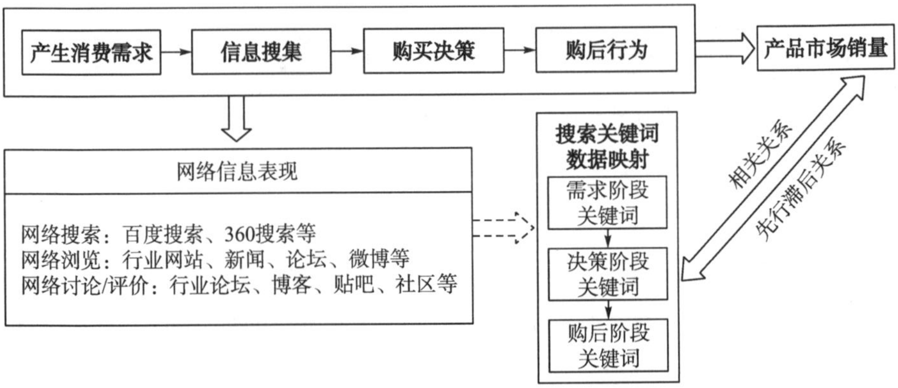

图 3.5　模型理论框架：消费者网络信息搜索与产品市场销量

特别地，虽然消费者特性差异导致其对相关信息的检索不尽相同，并且通过网络搜索引擎检索相关信息的需求也会有一定的差异性，但是从统计学

① 中国互联网信息中心. 2014 年中国网民搜索行为研究报告[EB/OL]. [2014-10-15]. http://www.cnnic. net.cn/hlwfzyj/hlwmrtj/201410/t20141017_49359.htm.

的意义上来看，相关关键词的网络搜索数据确实显示出了较强的规律性(Choi and Varian，2012)。例如，以汽车行业举例说明，图 3.6 显示的是一定时间区间内(2013 年 2 月至 2015 年 10 月)某一关键词(“帕萨特怎么样”)的网络搜索指数(百度指数)与汽车销量(帕萨特)的变动趋势比较图，从图 3.6 中可以直观地看到，关键词的网络搜索指数与销量数据的变动趋势有较强的相关性，且关键词网络搜索指数的波动周期要明显领先于销量的变动周期，这也进一步证实了本书理论框架的合理性。

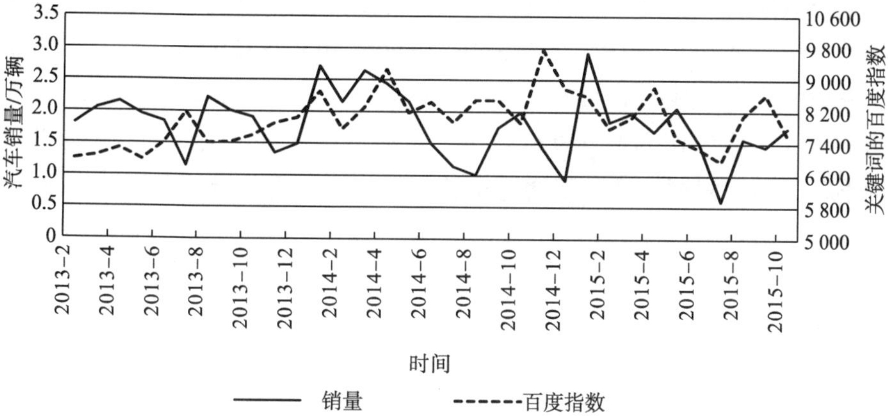

图 3.6　帕萨特汽车销量与关键词的百度指数趋势对比图

3.2　网络搜索关键词库构建

3.2.1　关键词选择方法

基于网络搜索数据开展的相关社会和经济研究，面对的都是海量的网络搜索关键词数据，如何有效地选择关键词是一个关键问题，现有研究尚未在这一环节取得完全一致(刘宽斌和张涛，2018)。当前研究中关于关键词的选择主要可以归纳为以下三种方法：技术取词法、经验取词法和范围取词法(彭赓等，2013)。

第一种，技术取词法。主要通过大规模、高性能的计算机设备将一切可能的关键词先纳入研究范围中，然后基于相关统计模型编写出的程序进行大规模运算并选出核心关键词。例如，Ginsberg 等(2009)在研究网络搜索数据与流感发病人数的关系时，就是通过这种取词方法，利用 800 余台高性能计算机在 5000 万个常用的搜索关键词中筛选出了 45 个与 CDC 发布的流感发病者数量相关性最高的搜索关键词。

第二种，经验取词法。这种方法主要通过研究者的先验知识和对研究对象影响因素的分析来确定关键词。例如，Amuri 和 Marcucci（2009）在研究社会失业率与网络搜索数据间的相关性时，基于对失业率影响因素的分析，认为失业率的变化会影响与劳动局、失业机关、人事顾问等相关搜索词的搜索量变化，因而把这些关键词作为核心关键词进行研究分析。

第三种，范围取词法。这种方法主要是通过先确定一个取词的基础范围，然后在此范围内进行筛选。例如，Kholodilin 等（2009）在研究个人消费增长率与网络搜索数据的相关性时，先确定以谷歌搜索引擎提供的 27 个类别中的前十大搜索词作为选词基础范围，然后分别基于相关性分析剔除与个人消费不相关的搜索词，把剩下通过检验的词作为核心关键词做进一步分析。

在以上取词方法中，技术取词法的精度显然较高，但是受研究条件的限制也很明显，需要大量的计算资源支持，运用门槛较高，只有少量的研究机构或人员有机会采用这种方法。经验取词法则操作较为简单，使用方便，但是也存在一定的局限性：遗漏部分与研究对象相关的核心关键词存在风险，可能会对研究结果的准确性造成影响；范围取词法操作也相对简单，而且可以尽量降低遗漏核心关键词的风险，但是由于范围的确定标准通常与研究者的经验有直接关系，研究结果的客观性也可能受到一定程度的影响（张玲玲等，2018）。

关键词的选取作为研究的基础环节，需要采用科学规范的筛选方法。虽然，当前利用网络搜索数据开展相关研究的学者并未就关键词规定统一的方法或模式，也没有确定特定、最优的关键词选取标准，但近年来，在诸多利用网络搜索数据开展相关预测的研究实践中，很多学者结合具体的研究对象，通过构建理论框架及分析相关影响因素来开展关键词的选取和搜集工作，并取得了一些不错的实际应用效果。例如，我国学者孙毅等（2014）在研究消费者信心指数与网络搜索数据间关系时，基于消费者购买决策的角度建立起理论框架，并进行初始关键词的选择，且通过主成分分析法合成网络搜索指标，实现了良好的预测效果。此外，值得指出的是，Hulth 等（2009）的实验证明，关键词并非越多越好，因为当关键词的覆盖面达到一定程度后，新关键词的边际贡献就非常有限，只要选取较为核心的关键词即可保证合成指标的有效性。

3.2.2　关键词库构建步骤

基于前文对互联网环境下消费者购买决策行为变化以及消费者购买行为的分析，可以清晰地知道信息搜集在消费者的购买决策过程中发挥着极其重要的作用。因此，本书研究的基础和第一个重要的环节就在相关关键词的选取上，本书以理论分析部分建立的产品销量数据与网络搜索数据的分析框架为基础，将关键词库的构建主要分为三个步骤开展。

第一步，基于理论分析，确定初始基础关键词。这个部分主要是基于理论分析并结合对具体研究对象行业特性的考虑，分别从宏观层面和微观层面进行搜索关键词的初步确定，如宏观层面可考虑国家整体消费水平、消费环境等；而微观层面则主要是考虑对与产品本身直接或间接相关的影响因素，如产品性能、品牌、产品评价与相关竞品等，并以此为基础初选关键词。然后，综合小组讨论法初步选取出一批可能存在潜在相关性的基础关键词。

第二步，在已确定的初始关键词库基础之上，结合专家经验挖掘法，并综合使用第 2 章网络搜索指数介绍中的百度指数平台关键词推荐技术进一步扩充关键词考察范围，并综合人工判断和小组讨论法筛选关键词，优化关键词库的构建。

第三步，剔除重复和部分数据量缺失严重(原始搜索指数数据过多为 0 的情况)的关键词，再结合具体的研究需要，过滤掉所选搜索指数平台未收录的关键词，最终得到具体研究所需的原始关键词库。

在构建关键词库时，除了需遵循上述基本步骤外，同时还需考虑如下两点原则。一是关键词经济含义上的重要性。这里主要是指所选关键词应该能够从含义上或理论上反映基准指标影响因素的一个方面，能反映消费者的一种行为，构成关键词库的所有关键词的组合则能反映基准指标的主要方面。二是关键词在统计上的充分性。这里主要指关键词的搜索指数数据序列应该有一定的连续性，便于衡量其与基准指标的稳定性。

3.2.3　关键词筛选

在确定基础关键词库的基础上，还需要对关键词做进一步筛选，分析每个关键词的搜索指数数据与研究对象间的关系，主要包括相关关系和时差相关关系的分析。因为搜索关键词的时差相关关系包括领先、同期和滞后三种，所以，应用于模型预测则需要筛选出具有领先关系的关键词（邱一豪，2019）。本书采用现有研究中常用的时差相关分析技术来分析关键词搜索指数与研究对象之间的相关系数及时差阶数，筛选出相关性较高且具有先行性的关键词，构成本书的关键词库。

时差相关分析是基于相关性系数考察经济时间序列数据领先、同期和滞后关系的一种经典分析方法。随着利用网络搜索数据开展相关研究实践的不断深入，这种方法也被逐渐运用到网络搜索关键词的筛选过程中，并取得了较好的预测效果。刘颖等（2011）、孙毅等（2014）、喻予（2018）在研究中均运用了此方法对关键词进行筛选。时差相关分析的具体表达式如下：

$$\gamma_p = \frac{\sum_{i=1}^{n}\left(x_{i-p}-\overline{x}\right)\left(y_i-\overline{y}\right)}{\sqrt{\sum_{i=1}^{n}\left(x_{i-p}-\overline{x}\right)^2\sum_{i=1}^{n}\left(y_i-\overline{y}\right)^2}} \tag{3.1}$$

其中，$p=0,\pm1,\pm2,\cdots,\pm L$。

式（3.1）中，时间序列 y 为基准指标，这里指预测研究对象，$\bar{y}$为均值；时间序列 x 为被选择指标，这里指关键词的网络搜索指数数据，$\bar{x}$为均值；γ_p 是时差为 p 时的相关性系数；p 为 x 领先或滞后 y 的阶数，p 取负数时表

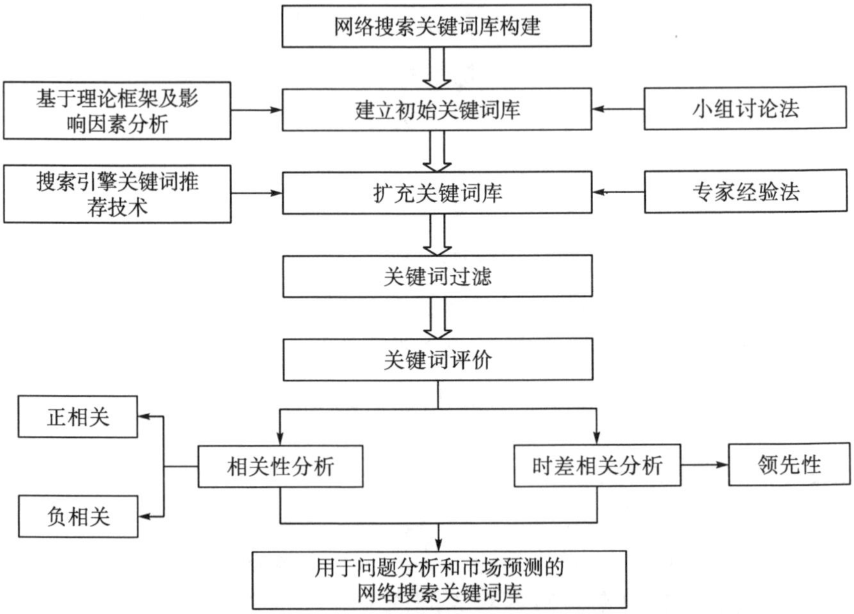

图 3.7　网络搜索关键词库构建流程图

示超前，取正数时表示滞后。相关性系数的绝对值取最大时，对应的时差期数即被选指标与基准指标的时差关系越强。因此，根据本书的研究需要，在进行时差相关分析时仅选取具有先行关系的关键词，通过计算关键词库中每个关键词搜索指数数据与基准指标先行 0～12 期的皮尔逊相关系数(Pearson correlation coefficient)来确定领先阶数。同时，为保证筛选出的关键词与研究对象的相关性，本书选择弱相关的临界值 0.45 作为关键词相关系数的初步筛选标准(王博永和杨欣，2014；孙毅等，2014)，过滤掉相关系数小于这一临界值的关键词。基于上述分析，本书网络搜索关键词库构建的总体流程如图 3.7 所示。

3.3　关键词搜索指数合成

3.3.1　网络搜索指数合成方法

本书第 2 章文献综述部分显示，利用网络搜索数据开展相关研究的又一重点在于对所选取关键词的网络搜索指数进行合成处理。目前，随着利用网络搜索数据开展相关研究的不断深入与发展，学术界对于关键词的合成方法虽尚未形成一套标准分析处理流程，但是也取得了一些非常具有参考意义的成果。通过对现有相关文献的梳理归纳，可以发现，目前关键词搜索指数的合成方法主要可以分为如下四类。

1. 直接合成法

该类方法基于选取的与研究对象相关的网络搜索关键词，对采集到的关键词搜索指数数据进行简单的加总，构成一个合成搜索指数代入模型进行分析。例如，Askitas 和 Zimmermann(2009)在研究网络搜索数据与社会失业率间的关系时，根据主观经验选择了四类与失业率相关的关键词，并且将搜集到的每类关键词的搜索量数据进行简单汇总，然后代入分析模型，取得了较好的模型拟合效果。虽然这种关键词合成方法有一定的效果，但是后续相关研究在此基础之上进行了改进，改进后的处理方法相比这种简单的直接合成法具有更好的分析效果，如相关性合成法、时差相关合成法等。

2. 相关性合成法

该类处理方法将备选关键词与研究对象的相关性大小作为主要衡量指

标，对与研究对象具有较高相关性的关键词进行合成，最终得到具有较高模型拟合度的搜索指数。例如，Ginsberg 等(2009)在研究网络搜索数据与流感发病人数间的关系时，利用数百台高性能计算机从 5000 万个最为常用的搜索关键词中分别计算每个关键词与研究对象的相关关系，并依据相关性大小进行排序，然后选取前 100 个关键词进行搜索数据加总合成，并利用合成的搜索指数与流感发病人数进行模型拟合，发现关键词的数量并不是越多越好，分析显示，随着关键词数量的增加，合成的搜索指数拟合度呈现先上升后下降的规律，当关键词的个数为 45 个时，拟合度达到了最大值。

3. 时差相关合成法

该类处理方法是基于相关性合成法改进的搜索指数合成方法。我国学者刘颖等(2011)研究发现，虽然很多搜索关键词与研究对象非常相关，但是在时间维度上却与研究对象具有一定的时差关系(包括领先、同期和滞后关系)，因此，如果是预测研究，首先筛选出具有先行关系的关键词，然后进行搜索指数合成才具有较高的预测价值。例如，刘颖等(2011)在研究网络搜索对股票市场的预测能力时，利用时差相关合成法，结合经济含义将搜索关键词合成为宏观形势、市场行情及股民行动三类网络搜索指数，实证表明，此种关键词合成方法对上证指数年收益率具有显著的预测能力。在产品销量预测方面，袁庆玉等(2011)以全国汽车销量作为研究对象，选取相关关键词，然后使用时差相关合成法进行关键词搜索指数合成，也取得了较好的预测效果。在研究通货膨胀方面，张崇等(2012)也利用时差相关合成法，将相关网络关键词合成为供求关系和宏观形势两类网络搜索指数。

4. 主成分分析合成法

我国学者孙毅等(2014)针对当前网络搜索数据存在的共线性问题，以及进行搜索指数合成时对关键词赋权的问题，提出了基于主成分分析的关键词搜索指数合成法。在研究消费者信心指数方面，孙毅等(2014)利用相关性分析和时差相关分析，从 1041 个关键词中选出 174 个先行关键词，然后基于主成分分析合成法合成搜索指数，并将各个分量的载荷系数作为搜索指数合成时的赋权依据，实证分析结果显示，与传统消费者信心指数相比，这种基于网络搜索指数的预测时效性更强，且预测精度也更高。在流感监测方面，李秀婷等(2013)通过选取与流感相关的 92 个搜索关键词，然后利用主成分分析合成法，提取搜索数据的主成分进行搜索变量构建，对我国的流感发病率进行预测，并取得了较好的效果。

梳理相关文献后发现，随着相关研究的不断开展，关于网络搜索指数的合成方法也在不断改进和优化，但仍未达成统一的关键词搜索指数合成标准。基于此，学者分别结合具体的研究对象，提出了各自的关键词搜索指数合成处理方法，实践检验也显示具有较好的应用效果。表 3.1 统计了部分具有代表性的关键词搜索指数合成方法的相关研究。

表 3.1　关于关键词搜索指数合成的主要方法统计表

学者	文献来源	研究对象	搜索指数合成方法
Askitas 和 Zimmermann（2009 年）	《经济学（季刊）》	社会失业率	直接合成法
Ginsberg 等（2009 年）	《自然》	流感发病率	相关性合成法
刘颖等（2011 年）	《经济管理》	股票市场（上证指数预测）	时差相关合成法
袁庆玉等（2011 年）	《管理学家（学术版）》	全国汽车销量	时差相关合成法
张崇等（2012 年）	《管理科学学报》	CPI	时差相关合成法
李秀婷等（2013 年）	《系统工程理论与实践》	中国流感监测	主成分分析合成法
孙毅等（2014 年）	《管理评论》	消费者信心指数	主成分分析合成法

3.3.2　关键词搜索指数合成过程

通过对利用网络搜索数据开展的相关研究中的关键词搜索指数合成方法进行综述，同时考虑本书的研究目的，首先选择将主成分分析合成法作为分析基础，然后对关键词搜索指数合成方法进行有益探索，并通过实证研究对这种关键词搜索指数合成方法的有效性进行验证。

由前文分析可知，在进行搜索关键词库的构建时，筛选出的关键词从相关性上又可以分为两类：一类是对研究对象有正向影响的搜索关键词，即其相关系数为正，这类关键词的搜索关注度的增加会对产品销量产生正向影响；另一类是对研究对象有负向影响的搜索关键词，即其相关系数为负，这类关键词的搜索关注度的增加会对销量产生负向影响。然而，现有相关研究大多仅重视对关键词预测价值的挖掘，在进行关键词搜索指数合成时，往往忽略了关键词的系统性差异。

基于此，本书以主成分分析合成法作为搜索指数合成的基础方法，将所构建出的关键词库中的众多关键词分为正相关关键词和负相关关键词两大类，分别对其进行主成分提取，并构建反映搜索数据所包含变化趋势的合成网络搜索指数变量，用于后续的分析与模型预测。后续的实例分析进一步支持了本书对关键词搜索指数合成方法改进的合理性与优越性。图 3.8 是本书网络搜索指数合成的基本操作流程。

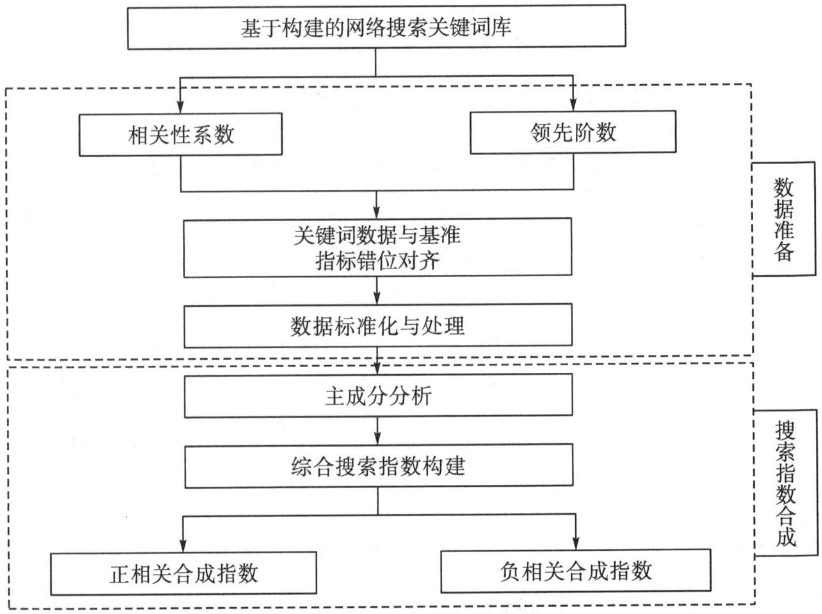

图 3.8　网络搜索指数合成的基本操作流程

本书的搜索指数合成过程主要分为两个阶段：数据准备和搜索指数合成。在数据准备阶段，主要是基于前文构建的关键词库，对通过相关性筛选出的关键词数据根据计算所得的领先阶数与研究对象进行错位对齐，并根据相关系数进行分类，然后分别对每个关键词搜索指数数据和研究销量数据做标准化处理，为后续主成分分析做数据准备。数据准备完成后，就是搜索指数合成阶段，本书利用 SPSS 22.0 对关键词搜索指数数据做主成分分析，并分别提取正、负两类合成搜索指数，该指数将作为消费者购买意愿的指示变量，用于后续模型检验和预测分析。

3.3.3　主成分分析法简介

为便于后续关键词网络搜索指数合成，并对提取出的反映搜索趋势变量有更准确的理解，本书对主成分分析法的基本原理与分析步骤进行了回顾。

主成分分析法(principal components analysis，PCA)于 1933 年由学者哈罗

德·霍特林(Harold Hotelling)最先提出。其核心是基于数据降维的思想，在损失较少数据信息的基础上，把多个指标转化为几个有代表意义的综合指标。其基本原理如下。

假设对某一问题的研究涉及 p 个考察指标，记为 $X_1, X_2, \cdots, X_p$，由这 p 个随机变量构成的随机向量为 $\boldsymbol{X}=\left(X_1, X_2, \cdots, X_p\right)^{\mathrm{T}}$，设 $\boldsymbol{X}$ 的均值向量为 $\boldsymbol{\mu}$，协方差矩阵为 $\boldsymbol{\Sigma}$，既 $\boldsymbol{X} \sim \boldsymbol{N}(\boldsymbol{\mu}, \boldsymbol{\Sigma})$。设 $\boldsymbol{Y}=\left(Y_1, Y_2, \cdots, Y_p\right)^{\mathrm{T}}$ 为对 $\boldsymbol{X}$ 进行正交变换得到的合成随机向量，即

$$\begin{bmatrix} Y_1 \\ Y_2 \\ \vdots \\ Y_p \end{bmatrix}=\begin{bmatrix} a_{11} & a_{12} & \ldots & a_{1p} \\ a_{21} & a_{22} & \ldots & a_{2p} \\ \vdots & \vdots & & \vdots \\ a_{p1} & a_{p2} & \ldots & a_{pp} \end{bmatrix}\begin{bmatrix} X_1 \\ X_2 \\ \vdots \\ X_p \end{bmatrix} \tag{3.2}$$

设 $\boldsymbol{a}_i=\left(a_{i1}, a_{i2}, \cdots, a_{ip}\right)^{\mathrm{T}}$，$\boldsymbol{A}=\left(a_1, a_2, \cdots, a_p\right)^{\mathrm{T}}$，则有

$$\boldsymbol{Y}=\boldsymbol{A X}, \quad i=1,2, \cdots, p \tag{3.3}$$

且满足 $\boldsymbol{a}_i^{\mathrm{T}} \boldsymbol{a}_i=1$，即 $a_{i1}^2+a_{i2}^2+\cdots+a_{ip}^2=1$，$i=1,2, \cdots, p$。

主成分分析的基本思想是考虑合成变量的方差大小及其对原始变量波动(方差)的贡献大小，而对于原始随机变量 $X_1, X_2, \cdots, X_p$，其协方差矩阵或相关矩阵是对各变量离散程度和相关程度的度量。在进行主成分求解时，一般从原始变量的协方差矩阵或相关矩阵的结构分析出发。设 $\lambda_1 \geqslant \lambda_2 \geqslant \cdots \geqslant \lambda_p \geqslant 0$ 为 $\boldsymbol{\Sigma}$ 的特征值，以 λ_1 相应的特征向量 $\boldsymbol{a}_1$ 为系数，使得 $Y_1=\boldsymbol{a}_1^{\mathrm{T}} \boldsymbol{X}$ 满足方差最大，即 $\operatorname{var}\left(Y_1\right)=\boldsymbol{a}_1^{\mathrm{T}} \sum \boldsymbol{a}_1$ 达到最大，则称 Y_1 为随机变量 $\boldsymbol{X}$ 的第一主成分，对应的特征根 λ_1 即为 Y_1 的方差，且第一主成分的贡献度为 $\lambda_1 / \sum_{i=1}^p \lambda_i$，前 m 个主成分的累积贡献度为 $\sum_{j=1}^m \lambda_j \Big/ \sum_{i=1}^p \lambda_i$，$m \leqslant p$。

该分析方法非常重要的一个目的是在尽可能保留相关信息的前提下，最大限度地减少变量数，然而具体保留多少主成分并没有统一标准，通常需要结合具体研究对象，综合考虑样本总方差的量、特征值的相对大小及各成分对现实的解释。当前研究实践中最常使用的判断准则主要有如下三种：第一种是特征值准则，一般研究中仅保留方差大于 1(特征值 $\lambda_i>1$)的主成分；第二种是碎石图判断法，这种方法通过对碎石图进行观察，通常选择斜率变化最大的拐点之前的成分数作为主成分数；第三种选择标准则是方差累计贡献率准则法，处理实际问题时，一般选择累积贡献率达到 85%以上的前几个成分作为研究的主成分数(赵颖，2014；高铁梅，2009)。

3.4 本 章 小 结

本章基于前文的相关文献综述，分别对研究模型理论框架的搭建与关键词网络搜索指数合成理论及方法进行了阐述。其中，在理论框架搭建部分，先对消费者购买行为理论进行了论述，再结合消费者信息搜索进行模型理论框架搭建。此外，由于关键词网络搜索指数合成是利用网络搜索数据开展相关预测研究的重点与难点之一，因此，为保证本书搜索指数合成的科学性与合理性，首先对现有关键词筛选方法和搜索指数合成方法进行了系统梳理与归纳；其次对搜索指数合成时需要用到的方法进行了基本回顾；最后，详细阐述了本书的关键词选择方法和网络搜索指数合成的操作步骤。

第4章　基于网络搜索指数的特定品牌特定车型预测模型

4.1　研究模型构建

4.1.1　相关研究模型回顾

基于本书的文献综述，对相关文献做进一步详细梳理后可以发现，在现有关于产品需求预测及引入网络搜索指数进行预测的相关研究中，最常使用回归模型和时间序列模型作为基础模型对相关问题开展研究。例如，国外学者 Vosen 和 Schmidt(2009)在研究私人消费与谷歌趋势提供的关键词搜索变量间的关系时，以自回归模型为基准模型，并建立加入谷歌指数、消费者信心指数等变量的模型作为对比模型。Choi 和 Varian(2012)在研究社会失业率与谷歌趋势上关键词搜索指数数据间的关系时，分别以一阶自回归模型作为基础模型，建立了添加所选关键词搜索指数变量的对比分析模型。Wu 和 Brynjolfsson(2009，2015)在研究谷歌趋势搜索量指标对房屋价格和销量的预测能力时，分别建立了房屋销量和房屋价格指数的自回归模型作为基准模型，然后分别建立引入谷歌趋势指数变量的对比模型。

国内方面，学者李秀婷等(2013)在研究网络搜索数据对我国流感监测方面的作用时，分别建立了流感样病例比例变量的自回归模型、网络搜索指数变量与流感样病例比例变量的回归模型及同时引入流感样病例比例变量滞后项和网络搜索指数变量的回归模型，三个对比分析模型用以探讨网络搜索数据在流感预警方面的能力。孙毅等(2014)在研究我国消费者信心指数时，为比较传统消费者信心指数和网络消费者信心指数对社会消费品零售总额的预测效果差异，构建了以社会消费品零售总额为因变量，传统消费者信心指数和网络消费者信息指数分别为自变量的一元线性回归对比分析模型。王炼等(2015)在研究网络搜索对产品销量和市场份额预测的能力时，分别建立了销量与网络搜索数据及控制变量间的多元线性回归对比分析模型。相关研究对模型的细致分析，为本书分析模型的选择及构建提供了有价值的参考。部分相关研究所采用的分析模型归纳如表 4.1 所示。

表 4.1　部分研究所采用的分析模型统计表

学者	文献来源	研究对象	基础模型
Vosen 和 Schmidt (2009)	*Journal of Forecasting*	社会消费指数	自回归模型
Choi 和 Varian (2012)	*Economic Record*	社会失业率	一阶自回归模型
Wu 和 Brynjolfsson (2015)	*Economic Analysis of the Digital Economy*	房屋价格和销量	自回归模型
李秀婷等 (2013)	《系统工程理论与实践》	中国流感发病率	回归模型
孙毅等 (2014)	《管理评论》	消费者信心指数	一元线性回归 对比分析模型
王炼等 (2015)	《管理工程学报》	产品销量和 市场份额	多元线性回归 对比分析模型

4.1.2　基于网络搜索指数的市场预测模型构建

本书旨在研究国内网络搜索指数与市场预测之间的关系，并基于此进一步开展引入网络搜索数据的市场预测模型构建与应用研究，以期丰富相关理论研究，并为实践应用提供有效参考。

为此，基于文献综述和上述对相关研究所采用分析模型的综合分析可知，为便于单独分析所构建出的合成搜索指数的预测能力，先设定研究搜索数据预测能力的分析模型，在该模型中，仅以网络搜索合成指数作为自变量，以基准指标作为因变量建立回归分析模型。另外，受外国学者 Choi 和 Varian (2012) 在研究社会失业率与谷歌趋势上关键词搜索指数数据间关系的解释能力，在为金融消费者做投资决策参考的问题中受基础分析模型的启发，本书采用仅含历史销量数据的分析模型作为基础模型，用来验证销量历史趋势的解释能力；而且通过前文对产品销量市场预测的相关文献分析可知，产品的市场销量往往易受季节性因素的影响，因此，本书初步选定季节自回归模型作为基准对比模型。最后，在基础模型之上，进一步加入合成网络搜索指数变量，构建出本书基于网络搜索指数的市场预测模型，并用于后续对销量预测问题的分析与探讨。本书构建出的基础比较分析模型如下。

模型Ⅰ：$\text{Volume}_t=\beta_0+\sum_{i=1}^{N}\alpha_i Q_{i,t}+\sum_{i=1}^{N}\rho_i q_{i,t}+\varepsilon_t$

模型Ⅱ：$\text{Volume}_t=\beta_0+\gamma_1\text{Volume}_{t-1}+\gamma_2\text{Volume}_{t-12}+\varepsilon_t$

模型Ⅲ：$\text{Volume}_t = \beta_0 + \gamma_1 \text{Volume}_{t-1} + \gamma_2 \text{Volume}_{t-12} + \sum_{i=1}^{N} \alpha_i Q_{i,t} + \sum_{i=1}^{N} \rho_i q_{i,t} + \varepsilon_t$

其中，$Q_{i,t}$ 和 $q_{i,t}$ 分别为由关键词网络搜索指数合成时所提取出的第 i 个正相关合成指数和第 i 个负相关合成指数的主成分在第 t 期(与基准销量指标错位对齐后的时期)的值；Volume_t 为 t 时期的产品销量，Volume_{t-1}、Volume_{t-12} 分别为前 1 期和上年同期的产品销量；ε_t 为模型的残差项；β_0 为常数项，γ_1、γ_2 为系数。

模型Ⅰ主要用来单独分析在本书理论框架下通过主成分分析法提取出的网络搜索指数变量对产品销量的解释能力。因为在进行网络搜索指数合成时所筛选出的关键词数据均具有较强的领先性，所以该指标在时效性方面相比传统预测方法中所使用的统计数据具有绝对的领先优势。模型Ⅱ用来分析销量的历史数据所具有的解释能力，其中 Volume_{t-1} 作为上一期的销量数据，被认为是包含众多销量变化的历史信息的代理变量，而 Volume_{t-12} 作为上一年同期的销量数据，则被认为是包含销量的季节性变动因素。模型Ⅲ在模型Ⅱ的基础之上加入了合成的网络搜索指数变量，与模型Ⅱ形成对比分析模型，研究网络搜索信息是否与销量历史数据所包含的信息形成互补，是否能够为预测产品销量提供更多额外的信息，从而进一步提高模型对产品销量实际问题预测的效力，并最终作为有效的预测技术，以弥补传统预测方法的不足与局限。

此外，模型Ⅰ和模型Ⅲ中包含的合成搜索指数主成分的选择和个数 N 的确定主要参考最小二乘法(least squares，LS)对回归模型的估计，综合考察其对回归模型拟合度的贡献大小和各合成搜索指数主成分变量的显著性，最终确定进入分析模型的最优合成搜索指数主成分和个数。

4.2　实例对象与数据来源

4.2.1　实例对象选择

为对消费者网络搜索数据的市场预测价值进行量化研究，本书选择以汽车行业为实例对象开展相关实证研究。原因主要有以下两方面。

一方面，基于汽车行业本身特性的考虑。在日常生活中，对于一般消费者而言，汽车产品属性复杂，并且要求投入较大资金，购买汽车往往是一项较为重大的经济决策，因此，消费者在购买汽车前会对汽车产品的各种属性进行仔细考察和评估(王炼等，2015)。而且，汽车也是研究消费者外部搜索相关文献中最为常用的产品对象之一(Klein，1998)，选取汽车作为分析对象具有较强的代表性。除此之外，据 2013 年 CNNIC 发布的《2012 年中国网民消费行为调查报告——汽车》数据显示，在汽车的现有用户中，过去一周曾接触过互联网的用户占比高达 67%①。此外，随着网络营销的发展，网络渠道已经成为汽车企业最重要的营销推广平台，多数汽车企业在网络渠道上所投入的费用已经远超在其他媒体渠道上的投入。与此同时，百度指数发布《2014—2015 中国汽车行业网民搜索行为报告》的数据显示②，汽车行业搜索指数稳步提升，越来越多的需求(如购车信息搜集、汽车保养维修等)通过搜索实现，这也进一步说明选择汽车行业作为研究对象在理论上更具合理性。

另一方面，基于实践应用价值的考虑。近年来，我国汽车普及率迅速增长，汽车产业处于迅猛发展期，逐渐成为我国国民经济的支柱产业之一。据中国汽车工业协会统计数据显示，2016 年，中国汽车产销分别为 2811.88 万辆和 2802.82 万辆，同比增长 14.46%和 13.65%，增幅比上年提升 11.21 个百分点和 8.97 个百分点③。虽然，关于中国汽车销量的传统预测方面，学者已从定性和定量两方面做过较多研究，但大多都比较依赖具有较大滞后期的历史数据，这一方面可能存在预测时效性较差且预测粒度较粗的问题，另一方面还可能存在预测成本(如基础数据获取成本等)较高的困境。此外，随着网络搜索价值的发现和引入网络搜索数据开展预测研究的尝试，部分学者逐渐开始将此技术引入到产品销量的预测方面，并取得了一定的效果，然而研究基本还集中在对全国汽车销量预测和大类品牌整体汽车销量预测方面，预测粒度仍然较粗，虽对汽车宏观市场表现有一定的指导意义，但对企业的实践指导价值仍然非常局限。例如，袁庆玉等(2011)利用谷歌搜索指数源对我国不同价格区间(6 万～9 万元、9 万～13 万元、13 万～17 万元等共 7 个价格区间)的整体汽车销量进行了预测；王守中等(2013)利用百度指数源对宝马的整体品牌汽车销量进行了预测分析。

因此，基于这种理论背景与现实问题，本书选取汽车行业进行实例分析，

---

① 中国互联网络信息中心. 2012 年中国网民消费行为调查报告——汽车[EB/OL]. [2013-1-15]. http://www.cnnic.cn/hlwfzyj/hlwxzbg/dzswbg/201301/t20130116_38523.htm.

② 百度指数. 2014—2015 中国汽车行业网民搜索行为报告[EB/OL]. [2015-4-1]. http://index.Baidu.Com/special/au t oshow2015/.

③ 中国汽车工业协会. 2016 年 12 月汽车工业产销情况简析[EB/OL]. [2017-1-16]. http://www.caam.org.cn/chn/4/cate_30/con_5204085.html.

并以某一品牌下的细分车型的销量预测作为研究对象，探讨基于网络搜索数据的产品销量市场预测，这无疑具有非常重要的理论意义与现实应用价值。

4.2.2　研究数据来源

1. 销量数据

综合考虑研究对象的数据质量和数据可获取性，本书用于分析的汽车销量数据均来源于搜狐汽车网发布的汽车产销量统计数据，如学者袁庆玉等(2011)在研究全国汽车销量时采用了相同的数据源进行分析。本书采集了2013 年 2 月至 2016 年 1 月(共 36 个月)的上海大众汽车下面的细分车型“大众帕萨特”的月销量数据用于后续模型检验与预测分析，相比现有汽车销量预测研究，预测粒度更细，具有更强的实践研究价值。

2. 网络搜索指数数据

结合研究需要，本书将国内目前最大的网络搜索指数开放查询平台，即百度指数，作为所需关键词搜索指数数据源，采集基于前期构建的关键词库，每个关键词为从 2013 年 2 月 1 日至 2016 年 1 月 31 日的每日搜索指数数据。因为百度指数平台目前并不提供指数数据直接下载服务，所以相关数据主要依靠人工的方式进行统计，这也在无形中极大地增加了本书的数据收集难度与工作量。因为收集的关键词数据是每日数据，而汽车销量数据为月度数据，所以还需将各关键词的每日搜索指数数据进行加总得到月度搜索指数数据。

4.3　网络搜索指数合成

4.3.1　搜索关键词库

1. 初始关键词选择

基于本书第 3 章的理论分析和关键词选择方法，结合本书实际选取的实证研究对象进行关键词选择。百度公司发布的一份汽车行业报告显示，汽车的车型、名称通常是消费者在考虑购车并通过搜索引擎进行信息搜索时最常用的关键词，依次是汽车价格、汽车品牌、制造商名称等相关关键词。另外，基于前文的理论分析，本书有理由认为，相比那些搜索汽车品牌或汽车制造商名称的消费者而言，对特定车型进行搜索的消费者往往具有更强的真实购买意愿，因为他们的购买目标比较明确。因此，本书首先确定以车型作为高优先级关键词，同时为保证关键词搜集的完整性，基于理论框架做进一步扩充，以避免遗漏部分核心关键词。基于此，本书将搜集范围主要分为微观层面和宏观层面两个方面来考察。在微观层面上，主要考虑了消费者对汽车型号、汽车品牌/厂商、汽车描述、相关竞品、汽车性能、汽车网站、汽车周边(如售后、保养、维修)等信息的需求；在宏观层面上，则以国家的经济水平、宏观政策调控、汽车市场的整体情况等作为出发点，通过小组讨论法选取一批可能存在潜在相关性的关键词，如经济指数、宏观政策调控、CPI、汽车新闻、购车优惠政策、车辆购置税等。本书以“大众帕萨特”汽车作为实证研究对象，构建出的部分初始关键词库如表 4.2 所示。

表 4.2　初始关键词库的部分关键词列表

考察视角		大众帕萨特汽车销量的相关关键词
微观层面	汽车型号	帕萨特 B4、帕萨特 B5、帕萨特 B6、帕萨特 B7、帕萨特 B8、帕萨特 V6、帕萨特领驭、领驭、2015 帕萨特、帕萨特领驭 1.8T
	汽车品牌/厂商	上海大众帕萨特、大众帕萨特、帕萨特、新款帕萨特、新帕萨特、上海大众、上海大众汽车、大众汽车、上海大众汽车有限公司
	汽车描述	帕萨特怎么样、帕萨特汽车报价、帕萨特汽车图片、帕萨特 2014 款报价、帕萨特 2015 款报价、帕萨特和迈腾哪个好、帕萨特便宜、上海大众帕萨特报价、新帕萨特如何、20 万元左右的车哪款好
	汽车网站	大众汽车官网、上海大众汽车官网、汽车之家、爱卡汽车、车友之家、风行天下车友会、汽车资讯、新浪汽车、搜狐汽车、太平洋汽车网、帕萨特论坛、汽车点评等
	相关竞品	中级车、B 级车、大众迈腾、迈腾、大众朗逸、大众途观、大众 CC、大众速腾、大众桑塔纳、丰田凯美瑞、广本雅阁、福特蒙迪欧、标致 508、日产天籁等
	汽车周边(如售后、保养、维修)	大众 4S 店、汽车美容、汽车维修、洗车、汽车镀膜、汽车保养、汽车养护、大众汽车售后、车库
	汽车性能	帕萨特油耗、汽车参数、汽车性能评价指标、汽车安全性、汽车配置
宏观层面	宏观影响因素	经济指数、宏观政策调控、CPI、汽车新闻、购车优惠政策、车辆购置税

2. 关键词筛选及初步分析

基于初始关键词库，按照第 3 章的搜索关键词库构建方法和流程，结合本书研究对象，最终筛选出百度指数平台收录并且有搜索量数据的关键词共 106 个；然后分别采集这 106 个关键词的百度指数数据，对其进行月度加总等处理后分别与研究对象(“大众帕萨特”汽车销量)进行相关性检验和时差相关分析。先保留相关系数在 0.45 以上且具有领先关系的关键词作为基础分析关键词库，再进行网络搜索关键词的描述性统计分析，其中，百度指数数据通过筛选的关键词有 37 个。此外，为保证关键词与研究对象在统计上具有较高的相关性，并尽可能降低关键词数据噪声可能带来的不良影响，将进行搜索指数合成的关键词相关系数临界值设为 0.5(绝对相关系数)，该标准也是现有相关研究中最常采用的筛选标准。表 4.3 给出了所构建出的关键词库中最终通过筛选的部分关键词的相关系数和领先阶数。

表 4.3　关键词库中部分关键词的相关性和领先阶数

关键词	相关系数	领先阶数
帕萨特领驭 1.8T	0.523**	7 期
帕萨特怎么样	−0.568**	4 期
帕萨特 1.4T	0.435**	1 期
帕萨特 B6	−0.530**	11 期
新帕萨特论坛	0.451*	10 期
上海大众汽车官网	0.484**	8 期
爱卡汽车	0.609**	5 期
汽车购置税怎么算	−0.583**	11 期
汽车新闻	0.490**	5 期
汽车政策	0.480**	5 期
上海大众斯柯达	−0.481**	6 期
上海大众朗逸	−0.523**	11 期

注：*和**分别表示估计参数在 0.1 和 0.05 水平上显著。

通过对关键词搜索指数与基准指标的分析可以看出，关键词的网络搜索指数与研究对象间确实存在较强的相关关系，且时差分析结果也显示，相关关键词的搜索指数变化趋势确实领先于基准指标的波动趋势。

此外，通过观察还可以直观看出，所筛选出的关键词与基准指标确实分别呈现正相关和负相关两种变化趋势，即随着关键词的关注度的增加，可能会对销量产生正向影响，同时也可能产生负面影响。例如，关键词“帕萨特领驭 1.8T”与大众帕萨特汽车销量具有较强的正相关关系，通过分析可以发现，该款车型作为帕萨特的经典车型，质量可靠，性价比高，因此这款车关注度的增加可能会带来销量的增长；而关键词“上海大众斯柯达”则与大众帕萨特汽车销量呈负相关，通过分析可以发现，这两款车之间存在较强的竞争关系，所以随着对其关注的增加，对基准销量产生的负面影响也相应增大。特别地，通过对筛选出的部分关键词的比较分析可以看出，由于特定时期单独一个关键词的关注度变化可能受到的影响因素较为复杂，存在的噪声也可能较大，所以，基于现实问题的考虑，结合理论研究价值，本书将筛选出的关键词分为正相关关键词和负相关关键词两类，分别做主成分分析，进行网络搜索指数合成，并引入分析模型考察其预测价值。

4.3.2　搜索指数合成

结合第 3 章对关键词搜索指数合成方法、操作步骤的详细介绍及本章前面针对具体研究对象所构建出的搜索关键词库，选取绝对相关系数在 0.5 及以上的关键词用于构建合成网络搜索指数，其中通过筛选的核心关键词共 15 个。本书利用 SPSS 22.0 统计分析软件对关键词搜索数据做主成分分析。

通过 SPSS 22.0 统计分析软件计算，可以得出各因子(筛选出的搜索关键词)的贡献率、累积贡献率及因子负荷矩阵，表 4.4～表 4.7 分别是正、负相关的关键词搜索指数的方差分解主成分提取分析表和成分矩阵表。

表 4.4　正相关关键词搜索指数的方差分解主成分提取分析表

成分	初始特征值			提取平方和载入		
	合计	方差	累加	合计	方差	累加
1	1.678	41.950%	41.950%	1.678	41.950%	41.950%
2	1.221	30.527%	72.477%	1.221	30.527%	72.477%
3	0.612	15.311%	87.788%			
4	0.488	12.212%	100%			

表 4.5　正相关关键词搜索指数的成分矩阵表

变量	成分	
	1	2
帕萨特领驭 1.8T	0.775	0.370
风行天下车友会	0.640	−0.534
爱卡汽车	0.667	−0.460
新浪汽车	0.472	0.767

表 4.6　负相关关键词搜索指数的方差分解主成分提取分析表

成分	初始特征值			提取平方和载入		
	合计	方差	累加	合计	方差	累加
1	4.614	41.941%	41.941%	4.614	41.941%	41.941%
2	2.496	22.695%	64.636%	2.496	22.695%	64.636%
3	1.155	10.500%	75.136%	1.155	10.500%	75.136%
4	0.911	8.278%	83.414%	—	—	—
5	0.520	4.726%	88.140%	—	—	—
6	0.400	3.637%	91.777%	—	—	—
7	0.357	3.247%	95.024%	—	—	—
8	0.208	1.894%	96.918%	—	—	—
9	0.169	1.533%	98.451%	—	—	—
10	0.124	1.131%	99.582%	—	—	—
11	0.046	0.418%	100%	—	—	—

表 4.7　负相关关键词搜索指数的成分矩阵表

变量	成分		
	1	2	3
帕萨特怎么样	0.730	−0.446	0.292
汽车封釉	0.665	−0.276	−0.594
汽车网站	0.533	−0.752	0.050
汽车配置	0.709	−0.347	0.405
洗车液	0.698	0.384	−0.400
汽车美容	0.722	0.072	−0.422
大众辉腾	0.621	0.133	−0.094
汽车保养	0.600	0.641	0.325
汽车购置税怎么算	0.531	0.649	0.226
上海大众朗逸	0.702	−0.438	0.184
帕萨特 B6	0.567	0.584	0.114

由第 3 章对主成分分析法的介绍可知，通过表 4.4 和表 4.6 的方差分解主成分提取分析表和 SPSS 22.0 统计分析软件分析后可以判断得出，本书分别提取 2 个正相关和 3 个负相关搜索主成分是合适的。然后，依次计算每个类别下

各主成分的特征向量矩阵，表 4.8 是正相关关键词搜索指数的主成分特征向量矩阵。

表 4.8　正相关关键词搜索指数的主成分特征向量矩阵

变量(符号表示)	t_1	t_2
帕萨特领驭 1.8T (X_1)	0.60	0.33
风行天下车友会 (X_2)	0.49	−0.48
爱卡汽车 (X_3)	0.51	−0.42
新浪汽车 (X_4)	0.36	0.69

通过表 4.8 计算得出的特征向量矩阵，可以分别计算出正相关系数关键词的搜索指数各主成分对应表达式，如第一主成分 Q_1 的表达式如下。

$$Q_1 = 0.60X_1 + 0.49X_2 + 0.51X_3 + 0.36X_4 \tag{4.1}$$

同理，采取同样的关键词搜索指数合成方法，可以分别得到两大类合成搜索指数对应的各主成分。其中，本书提取出的正、负相关合成搜索主成分数分别为 2 个和 3 个，分别记为Q_1、Q_2与q_1、q_2、q_3。如上述分析过程，本书以主成分分析方法为基础，对关键词搜索指数合成进行了改进，将提取的各主成分作为关键词网络搜索指数合成的代理变量，并根据后续分析模型拟合度和变量系数显著性情况，选择适当主成分代入最终的模型用于分析与预测。此改进方法丰富了利用网络搜索数据开展市场预测的相关研究，为后续研究提供了关键词库构建和搜索指数合成等方面的实践参考。

4.4　模型估计与预测分析

4.4.1　数据检验与参数选择

1. 数据检验

由于所处理的数据均为时间序列数据，为保证研究的科学性与合理性，首先需要对研究数据进行平稳性检验。本书采用相关研究中常用的增广迪基-福勒检验(Augmented Dickey-Fuller test，即 ADF 检验)。采用该方法进行单位根检验有两个需要注意的问题：一个是关于检验式中应包括的附加项的选择，即 include in test equation 设置项，本书主要采用观察数据序列曲线图的方式进行判断；另一个是关于滞后期(lag length)的选择问题，本书主要采用赤池信息准则(Akaike information criterion，AIC)和施瓦兹准则(Schwarz criterion，SC)来进行判断，并选择它们为最小值时的滞后阶数作为最优滞后阶数。定义大众帕萨特汽车的月销量为变量 Volume，正、负相关关键词提取的网络搜索合成指数分别为 Q_1、Q_2 与 q_1、q_2、q_3，分别对各变量时间序列数据进行单位根检验。本书使用统计分析软件 EViews 9.0 对相关数据进行平稳性检验，详细检验结果如表 4.9 所示。

表 4.9　时间序列变量平稳性检验结果

变量	ADF 检验	MacKinnon 临界值			ADF 检验结果
	t-统计量	1% 水平	5% 水平	10% 水平	
Volume	−0.896 927	−2.664 853	−1.955 681	−1.608 793	不平稳
Q_1	−0.197 226	−2.685 718	−1.959 071	−1.607 456	不平稳
Q_2	−2.801 065	−3.711 457	−2.981 038	−2.629906	不平稳
q_1	0.367 966	−2.660 720	−1.955 020	1.609 070	不平稳
q_2	−1.434 480	−3.724 070	−2.986 225	−2.632 604	不平稳
q_3	−0.690 410	−2.664 853	−1.955 681	−1.608 793	不平稳
D(Volume)	−4.085 434	−2.664 853	−1.955 681	−1.608 793	平稳
$D(Q_1)$	−3.454 334	−2.685 718	−1.959 071	−1.607 456	平稳
$D(Q_2)$	−6.671 327	−3.724 070	−2.986 225	−2.632 604	平稳
$D(q_1)$	−5.643 535	−2.664 853	−1.955 681	−1.608 793	平稳
$D(q_2)$	−6.065 423	−3.737 853	−2.991 878	−2.635 542	平稳
$D(q_3)$	−7.436 564	−2.664 853	−1.955 681	−1.608 793	平稳

注：MacKinnon 临界值，即为麦金农临界值。

ADF 检验的原假设存在单位根，一般 EViews 输出的是 ADF 检验的统计值，只要这个统计值是小于 1%水平的数字就可以极显著地拒绝原假设，认为数据平稳。从表 4.9 中给出的检验结果可以看出，各变量的原始序列均为非平稳序列，且原始序列一阶差分后的序列均为平稳序列，即原始变量数据序列均为一阶单整序列，可能存在协整关系。基于此，本书有理由开展后续相关分析，并进一步探讨研究数据间是否存在长期均衡关系及对未来是否具有预测能力。

2. 参数选择

为确定最终进入分析模型的合成搜索指数主成分的个数，本书将指数合成阶段得到的各主成分按方差贡献率大小顺序依次组合代入模型 I 进行估计，模型拟合度和变量系数显著性检验的部分结果如表 4.10 所示。

表 4.10 确定合成搜索指数主成分个数时的部分估计情况表

变量系数	模型估计情况		
	模型 I	模型 II	模型III
α_1	0.537*** (10.437)	0.717*** (9.508)	0.765*** (8.496)
α_2	—	−0.679*** (−2.955)	−0.758*** (−3.042)
ρ_1	−0.149*** (−4.658)	−0.171*** (−5.965)	−0.209*** (−4.381)
ρ_2	—	—	0.081 (0.636)
ρ_3	—	—	−0.122 (−0.830)
拟合优度 R^2	0.653	0.752	0.764
调整 R^2	0.638	0.729	0.716

注：括号内为对应变量系数的 t-统计量；***表示在 0.01 水平上显著。

分析结果表明，正、负相关关键词提取的网络搜索合成指数的第一主成分与研究对象均具有非常高的相关性，模型估计时变量系数均在 0.01 的水平上显著，而且随着分析模型中剩余搜索主成分的引入，模型拟合度虽有一定程度的提高，但这种提高的程度却非常有限，且新引入的搜索主成分变量系数也变得不显著了，说明通过本书主成分分析法得出的第一搜索主成分（Q_1、q_1）已经基本能够解释网络搜索数据所包含的对汽车销量具有强解释价值的绝大部分信息。这也进一步支持了本书关键词库构建和所采用网络搜索指数合成方法的合理性与有效性。

因此，通过对各搜索主成分的综合分析检验，本书最终选择引入正相关关键词提取的第一、第二主成分和负相关关键词提取出的第一主成分作为最终的网络搜索合成指数变量，以衡量消费者关注度的代理变量用于后续分析与模型预测时的合成搜索指数变量。

4.4.2 模型估计与结果

按照上述分析确定的网络搜索指数参数，分别对模型Ⅰ、模型Ⅱ及模型Ⅲ进行估计与检验。本书采用计量经济学统计分析软件 EViews 9.0 进行数据处理与模型分析，模型估计和检验结果如表 4.11 所示。

表 4.11 模型估计结果

变量系数/含义项		模型Ⅰ	模型Ⅱ	模型Ⅲ
γ_1		—	0.247* (1.894)	−0.083 (−0.682)
γ_2		—	0.696*** (5.574)	0.351*** (3.187)
α_1		0.717*** (9.508)	—	0.571*** (6.505)
α_2		−0.679*** (−2.955)	—	−0.461* (−1.980)
ρ_1		−0.171*** (−5.965)	—	−0.163*** (−5.619)
R^2		0.752	0.391	0.818
调整后 R^2		0.729	0.363	0.780
残差平方和		1.912	4.146	1.238
D-W 统计量		2.159	2.298	2.019
残差序列平稳性检验(ADF检验)	t-统计量	−5.547	−5.524	−5.217
	1% 水平	−2.674	−2.669	−2.674
	5% 水平	−1.975	−1.956	−1.957
	10% 水平	−1.608	−1.608	−1.608
	结论	平稳	平稳	平稳

注：①估计值下圆括号中是参数的 t-统计量；②由于模型估计中常数项检验不显著，且常数项的引入并没有改善模型的拟合效果，故没有给出常数项的参数估计结果；③*和***分别表示估计参数在 0.1 和 0.01 水平上显著。

模型估计结果显示，除了模型Ⅲ中前一期销量变量的系数（γ_1=−0.083，t=−0.682，p=0.503）不显著外，其他各变量的系数均显著，且提取的两类第一合成搜索指数变量均在 0.01 水平上显著（对于模型Ⅰ，α_1=0.717，p<0.001；ρ_1=−0.171，p<0.001；对于模型Ⅲ，α_1=0.571，p<0.001；ρ_1=−0.163，p<0.001）。分析比较模型Ⅰ、模型Ⅱ与模型Ⅲ的估计结果，可以得到如下

结论。

(1)网络搜索数据比历史销量数据包含更多对未来的解释信息，具有更强的预测能力。从模型Ⅰ的回归分析结果可以看出，基于本书关键词筛选方法得出的网络搜索数据合成的搜索指数变量系数均非常显著，且以此为基础构建的分析模型能够解释销量变化 75.2%的情况，说明本书采用的搜索指数合成方法是科学有效的，也从侧面显示出网络搜索数据所具有的强大预测价值。此外，对比模型Ⅰ(R^2=0.752)和模型Ⅱ(R^2=0.391)的拟合结果可以看出，网络搜索数据相比历史销量数据能够解释更多因变量的变化信息，具有更强的预测能力。

(2)网络搜索数据中包含了历史销量数据中没有的新信息。比较模型Ⅱ和模型Ⅲ可以发现，在仅含有历史销量数据的模型中加入提取出的合成网络搜索指数变量时，模型的拟合度大幅提升(对于模型Ⅱ，R^2=0.391；对于模型Ⅲ，R^2=0.818)，对销量变化的解释程度更高。另外，加入搜索数据后，模型Ⅲ的前一期销量变量的系数相比模型Ⅱ变得不再那么显著(对于模型Ⅲ，$\gamma_1=-0.083$，t=−0.682，p=0.503>0.1；对于模型Ⅱ，$\gamma_1=0.247$，t=1.894，p=0.071<0.1)，说明网络搜索数据中包含了较多历史销量数据所没有的新信息，能够显著提高对未来产品销量波动的解释效力，并且网络搜索数据所包含的新信息对产品销量的近期波动反应更敏感。

(3)基于网络搜索指数的综合模型预测效力最强。综合比较三个模型的拟合效果可以发现，整合网络搜索数据与历史销量数据的分析模型的拟合度最高($R^2_{模型Ⅲ}=0.818>R^2_{模型Ⅰ}=0.752>=R^2_{模型Ⅱ}=0.391$)。通过以上分析可知，虽然网络搜索数据包含大量历史数据所没有的新信息，但它们两者之间仍然存在着一定的交叉与互补关系，尤其是对于销量的季节性波动，历史销量数据可以较好地反映这一变化趋势，其中模型Ⅱ($\gamma_2=0.696$，p<0.01)和模型Ⅲ($\gamma_2=0.351$，p<0.01)中对应变量系数的显著性也说明了这一点。因此，网络搜索指数并不能完全有效地替代传统历史数据，这两种数据所提供的信息具有一定的互补性，有效整合这两种数据的模型Ⅲ相比单纯基于网络搜索指数的产品销量预测模型(模型Ⅰ)及传统预测模型(模型Ⅱ)具有更强的解释效力。如图 4.1 和图 4.2 所示，分别为模型Ⅰ和模型Ⅲ参数估计的模型拟合效果图。

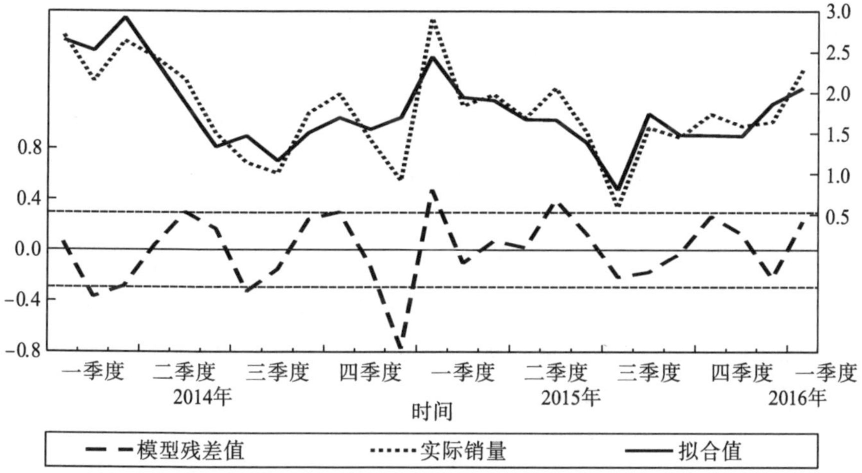

图 4.1　模型 I 拟合效果图

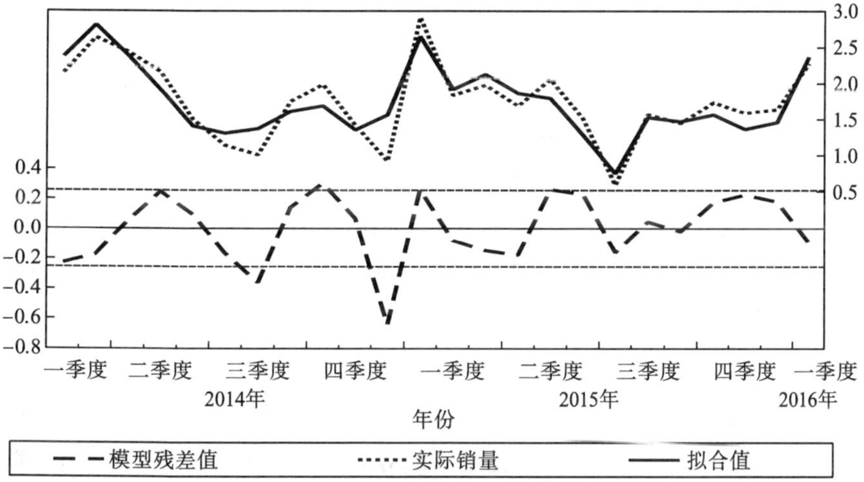

图 4.2　模型III拟合效果图

从图 4.1 和图 4.2 中可以直观看出，模型 I 和模型III对大众帕萨特汽车销量的整体拟合效果基本令人满意，两者的整体走势基本上是保持同步的，虽然在一些具体的时点上还存在一定的偏差，但是转折点却有较强的预测效力，这也进一步说明引入关键词网络搜索指数的预测模型对未来的市场波动表现更敏感，相比传统历史数据具有更强的预警价值。通过详细对比模型 I 和模型III的拟合效果图还可以发现，同时整合网络搜索数据与历史销量数据的模型III从整体来说拟合效果更优，尤其是在一些极值点的预测上，有更强的解释效力。

此外，由于前文对分析数据进行平稳性检验结果显示，合成的网络搜索指数与汽车销量数据序列均为一阶单整序列，可能存在协整关系。所以，为进一步分析搜索数据与销量数据间的关系，并对模型设置进行检验，避免出现伪回归问题，本书根据 Engle 和 Granger(1987)提出的协整理论，对模型Ⅰ进行协整检验，并对模型Ⅱ和模型Ⅲ进行残差检验。检验结果如表 4.11 所示。对上述各模型残差序列进行单位根检验的结果表明，各残差序列均在 0.01 的显著性水平上是平稳的，说明上述回归模型的设置是合理的，同时还可以判断这种基于消费者搜索行为数据构建出来的合成网络搜索指数与市场上实际的汽车产品销量数据之间存在着长期的均衡关系，这进一步支持了本书理论模型框架构建的合理性。

4.4.3　模型预测效果

对模型进行样本内估计与分析的结果表明，网络搜索数据对汽车销量预测具有较强的解释能力，网络搜索数据的引入也有助于提高模型的解释效力。因此，为分析模型的实际预测精度，我们进一步利用估计出来的模型进行样本外分析，以考察各模型的实际预测效力。

本书选择 2013 年 2 月至 2015 年 7 月(共计 30 个月)的数据为样本数据，以 2015 年 8 月至 2016 年 1 月(共计 6 个月)的数据为预测样本进行模型预测。为了衡量模型的实际预测效果差异，按照 Hyndman 和 Koehler(2006)提出的判断方法，本书以 MAE 作为评价模型预测效果的关键指标。此外，为了能够更加全面地评价模型的预测能力，本书还同时计算了各模型预测值的均方根误差(root mean squared error，RMSE)，因为这一指标比平均绝对误差对可能出现的异常值更加敏感。假设预测样本期为 $t=T+1,\cdots,T+h$，其中 T 表示模型估计部分所用的样本量，h 表示样本外预测期数，则平均绝对误差和均方根误差的计算方式如下。

$$\text{MAE}=\frac{1}{h}\sum_{t=T+1}^{T+h}\left|\widehat{y_t}-y_t\right| \tag{4.2}$$

$$\text{RMSE}=\sqrt{\frac{1}{h}\sum_{t=T+1}^{T+h}\left(\widehat{y_t}-y_t\right)^2} \tag{4.3}$$

对各拟合模型进行样本外预测的效果评价指标数据如表 4.12 所示。总体来看，模型实际预测结果再次确认了本书合成的网络搜索指数的预测能力。可以看到，引入合成网络搜索指数变量的模型Ⅲ与对比模型(模型Ⅰ、模型

Ⅱ)在平均绝对误差和均方根误差两个评价指标上都明显更优，说明网络搜索指数的引入能有效提升传统预测模型的预测能力。图 4.3 直观地展示了模型Ⅰ($MAE_{Ⅰ}$= 0.174，$RMSE_{Ⅰ}$=0.190)与模型Ⅲ($MAE_{Ⅲ}$=0.122，$RMSE_{Ⅲ}$=0.144)的实际预测效果及差异。

表 4.12　各模型样本外预测效果对比

模型评价指标	模型Ⅰ	模型Ⅱ	模型Ⅲ
MAE	0.174	0.303	0.122
RMSE	0.190	0.401	0.144

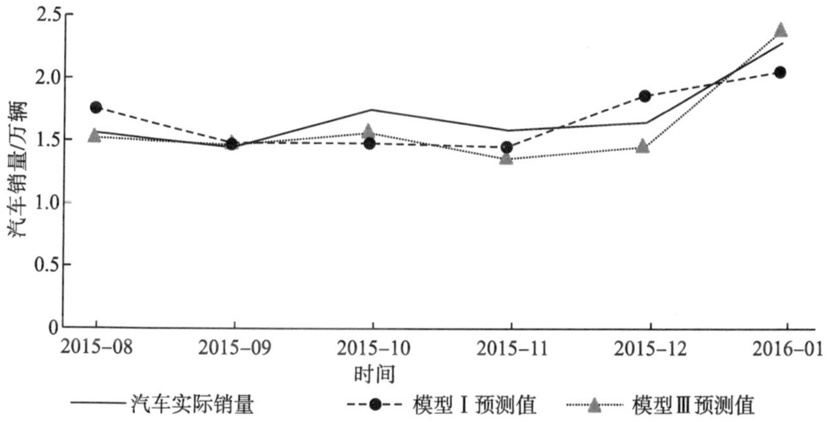

图 4.3　模型Ⅰ和模型Ⅲ的样本外预测值与实际销量数据对比图

特别地，为进一步考察本书构建出的模型Ⅲ在近期历史销量统计数据难以及时获取情况下是否仍然具有较强的适用性与预测精度，本书基于前文的分析结果，去掉模型Ⅲ中系数检验不显著的前一期销量变量(即变量 $Volume_{t-1}$)后再次对模型进行估计与预测分析。结果显示，各变量系数均非常显著(γ_2=0.342，p=0.005，α_1=−0.553，p<0.001；α_2=−0.533，p=0.017；ρ_1= −0.156，p<0.001)，模型的拟合效果也并未受到显著的影响(R^2=0.814，调整后 R^2=0.786)，而且对模型进行上述同样的预测分析后结果也显示，其与模型Ⅲ具有大致相当的预测精度(MAE=0.129>0.122，RMSE=0.146>0.144)。

因此，通过本书的研究可以认为，网络搜索数据对细分车型的汽车销量具有很强的预测能力，而且分析中所构建出的基于网络搜索指数的市场预测模型不仅具有较高的实际预测精度与极强的时效性，而且即使是在近期历史销量数据难以及时获取的情况下，预测模型也具有很强的适用性，是对现有产品销量预测技术的有效丰富与补充，具有很强的实践指导价值。

4.5 本章小结

本章基于前文的理论框架和对搜索指数合成方法的阐述，将细分车型的汽车销量作为实证分析对象，并以百度指数作为搜索数据源，进行了基于网络搜索指数的市场预测模型实证研究，分析了网络搜索数据与市场预测间的关系，并验证了模型的实际预测效果。

第 5 章　基于网络搜索指数的多品牌多车型预测模型

5.1　模型改进思路

5.1.1　现有模型的问题

网络搜索数据的利用价值已经得到了学术界的广泛关注。国外学者在房地产(Wu and Brynjolfsson，2015)、就业(Askitas and Zimmermann，2009)、股票(Zhi et al.，2009)、汽车和旅游(Choi and Varian，2012)等众多领域都验证了谷歌搜索数据的作用。但是，百度在中国是应用最多的搜索引擎，因而用百度搜索指数研究中国的社会经济行为更符合实际情况。任乐和崔东佳(2014)通过计算相关系数、确定领先阶数并合成百度搜索指数，实证了北京市搜索数据与月旅游客流量之间的相关关系；袁庆玉等(2011)从网络关键词搜索数据与汽车销量的角度建立了理论基础框架，采用综合赋权法对关键词进行提取，预测了汽车销量。

但是对于国内现有研究而言，利用网络搜索数据预测用户需求仍属于一个新的研究领域，并没有形成系统的研究体系，还存在以下不足。①对于关键词的选取还存在争议。多数研究是直接指定关键词，或者是结合百度自动生成的关键词来提取指数，并没有考虑关键词能否代表用户实际的网络搜索行为。②预测模型多采用时间序列的静态回归或者是对短面板数据的建模，不利于控制不同个体间的差异，也不利于准确地反映和刻画在时间推移的过程中网络搜索数据对销售影响的动态变化。

为弥补现有研究存在的不足，本章在关键词选择和模型设定上都做出了改进，目的是验证网络搜索数据如何反映当前的汽车销量，并预测未来的销量变化趋势。本章的主要工作是：提出一套结构化的流程来提取网络搜索数据关键词，并应用于我国汽车市场的研究。该流程为网络搜索数据在其他领域的研究提供了参考。

5.1.2　改进思路

本章的改进思路如下：①对汽车销量预测和网络搜索数据应用的相关研究进行梳理，总结出现有研究存在的不足；②以 2007～2015 年国内市场的汽车销量为研究对象，基于文本挖掘技术，提出一套结构化的流程，获得网络搜索数据的关键词，用于提取出百度搜索指数；③为避免百度搜索指数和汽车销量之间存在伪回归的可能性，对变量做了单位根检验和格兰杰因果检验；④基于 2007 年 1 月至 2015 年 12 月(共 108 个月)的长面板数据，建立百度搜索指数与汽车销量的固定效应模型，据此验证网络搜索数据如何反映当前的销量；⑤采用滚动窗口的方式预测最近 12 个月的汽车销量，以此检验网络搜索数据的预测效力。

5.2　相关研究回顾

5.2.1　汽车销量预测的相关研究

关于国内汽车销量的预测，从以往的相关研究来看，学者从定性和定量两个方面进行了相关研究。在定性方面，门峰和王今(2011)针对我国汽车产业的发展方向进行了研究，认为我国汽车产业已经成为国民经济的重要支柱产业，并预测未来十年(2011～2021 年)是我国由汽车工业大国向汽车工业强国转变的重要时期；王莉(2009)分析了国际金融危机给中国汽车行业带来的总体影响。定量方面的研究则可以分为两个层面：一是单一预测法(包括多元回归分析法、时间序列预测法、神经网络分析法)。陈欢(2008)通过定性灰色预测模型的方法对汽车销量进行了预测，该方法能够反映复杂数据的非线性和汽车销量数据自身的规律性，但对历史数据过于依赖，历史数据越多，预测结果越可靠；郭顺生等(2013)基于时间序列对中国汽车的月销量数据进行了 ARMA 模型预测；汪玉秀等(2015)综合汽车颜色、排量及版本类型三个因素，建立了马尔可夫过程的 4S 店汽车销量预测模型(预测绝对误差均小于 5%)。二是组合预测方法。李响等(2006)基于 ARMA 模型与 RBF 神经网络相结合的混合模型预测了天津市日汽车销量，认为组合模型相对于单一的预测模型有较高的预测精度；蔡宾和芮明杰(2015)采用改进差分进化算法和灰色模型对几个主要汽车品牌的销量进行了预测，并对汽车销量的发展趋势做出了判断；李莉(2014)通过建立灰色模型和马尔可夫模型相结合的组合预测模型预测了我国小排量汽车的销量，该模型整合了 GM(1，1)模型处理光滑序列的有效性和灰色马尔可夫链处理随机序列的有效性，反映出了数据序列的发展趋势。

无论是传统的定性预测方法，还是定量预测，都只能依赖于历史数据，但历史数据具有很强的延迟性，而且其预测的粒度较大，一般为汽车销量的年度数据。另外，与传统的预测方法相比，人工智能建模方法虽然预测精度较高，但也存在算法复杂性高、应用广泛性和对原始数据的变化趋势依赖性较强等缺陷与不足。

5.2.2　基于网络搜索数据的经济类、社会类行为相关性研究

目前，基于网络搜索数据的经济类、社会类行为预测已成为各领域学者研究的一个新热点，并在国内外都取得了一定的研究成果。在宏观经济领域，Vosen 和 Schmidt(2009)利用网络搜索趋势对家庭支出做出了预测；Choi 和 Varian(2012)研究了如何利用网络搜索数据预测短期经济价值，包括房地产、失业索赔、旅游目的地规划、消费者信心等方面。在社会领域，Ripberger(2010)使用网络 Query 搜索数据对公众的注意力进行衡量，取得了良好效果。国内学者张崇等(2012)揭示了网络搜索数据与 CPI 之间存在一定的相关关系和先行滞后关系，并取得了良好的预测效果。董倩等(2014)发现，网络搜索数据不但能够较好地预测房价指数，而且能够分析经济主体行为的趋势与规律，有一定的时效性。孙毅等(2011)对相关研究进行了综述，提出基于网络搜索数据的相关性研究是典型的交叉研究，而对于网络搜索数据与经济行为之间的相关性的机理分析、关键词的选择和数据处理模型选择是需要解决的关键问题。

网络搜索数据也开始被用于预测汽车销量。Du 和 Kamakura(2012)发现，在谷歌搜索数据中从 38 个主要汽车品牌提取出来的七大趋势可以从品牌层面解释美国市场 74%的汽车销量。国内学者王炼等(2015)以百度搜索指数为数据基础，探讨了网络搜索在我国汽车市场的预测作用，结果显示，网络搜索数据对汽车销量具有显著的正向影响，研究还发现，在无法获得其他传统指标的数据时，网络搜索数据依然能够发挥重要预测作用。但王炼等(2015)是对短面板数据进行建模回归的，数据量较少，不利于刻画百度搜索指数与社会经济活动的动态变化，也不能确定变量之间是否存在长期的均衡关系。

综上所述，虽然网络搜索数据可以作为传统数据的良好补充来实现对市场需求的预测，但仍有以下方面可以改进：①该领域的很多研究都是以谷歌趋势

为数据源的。虽然谷歌是全球最大的搜索引擎，但很多国家依然倾向于使用本地的搜索引擎，因而应用百度搜索指数研究我国市场需求更符合实际情况。②在确定获取百度搜索指数的关键词上，并没有一个系统化、统一的方法。以往的研究普遍都是手动指定关键词，或者是利用百度自动生成的词。在本章中，我们基于文书的挖掘技术，提出了一个结构化的流程来确定检索关键词，可以真实地反映出用户网络搜索的习惯。③以往的研究大都采用时间序列数据，或是短面板数据，不利于检验复杂的行为模型。本章收集了国内市场2007～2015 年的汽车月度销量数据，采用长面板数据建模，可以准确地反映和刻画在时间长期推移的过程中网络搜索数据对销售影响的动态变化。

5.3 模 型 分 析

5.3.1 数据来源

1. 汽车销量

本章的汽车销量数据来源于搜狐网站汽车频道(https://db.auto.sohu.com/cxdata/)，该数据为月度更新数据。为了研究网络搜索数据与汽车销量之间的长期相关关系，我们选取的时间段为 2007 年 1 月至 2015 年 12 月，共 108 个月。考虑到车型数据在此期间的持续可获得性，我们将排除连续 12 个月无销量的车型。最终，我们收集了 55 款车型在此期间的国内市场月度销量数据。

2. 网络搜索

本章使用的网络搜索数据源于百度指数。百度(baidu.com)是全球最大的中文搜索引擎，截至 2015 年第三季度，百度在国内搜索引擎企业收入市场结构中达到了 82.3%，远超谷歌中国(7.9%)、搜狗搜索(4.8%)、360 搜索(3.8%)①。百度指数是以百度网页搜索为基础的免费海量数据分析服务，可以反映不同关键词在过去一段时间里的用户关注度。用户关注度以数千万网民在百度的搜索量为数据基础，以关键词为统计对象，代表了各个关键词在百度中的搜索频次，每天更新一次。图 5.1 是网络搜索数据的一个示例，显示的是“普力马”和“福美来”两款车型在 2015 年里用户关注度的变化趋势。可以看到，在 2015 年的大部分时间里，“福美来”受关注的程度要高于“普力马”，在 2015 年 2 月，

① 艾瑞咨询. 2015 年第三季度中国互联网经济核心数据发布网络广告＆搜索引擎[EB/OL].［2015-11-1］. https://news.iresearch.cn/zt/25685/.shtml#al.

"普力马"的用户关注度大幅上升，逐步超过了"福美来"，而在 6 月份以后，"普力马"的受关注程度又始终低于"福美来"。

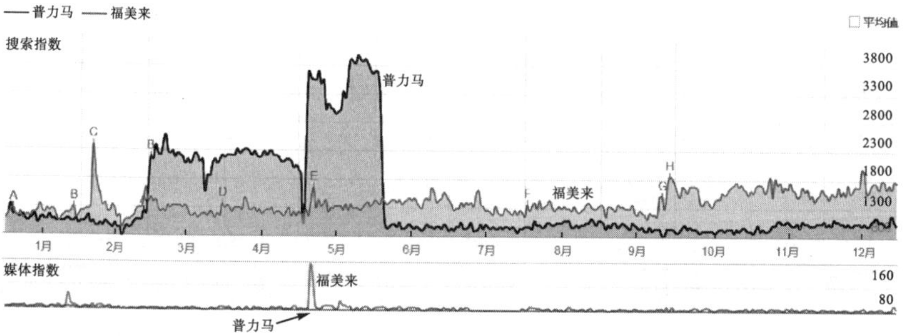

图 5.1 2015 年网络搜索数据实例

5.3.2 选取关键词

在研究汽车销量与百度搜索指数之间关系的过程中，选取恰当的网络搜索关键词是非常重要的，直接影响研究结果的可靠性。一方面，由于汽车是属性复杂并且要求资金投入较大的产品，消费者在购买汽车前会对汽车的各种属性进行仔细考察和评估。另一方面，根据 CNNIC 开展的社区搜索营销调查结果，有 77%的互联网用户在购买产品前会上网搜索信息。考虑到这一点，我们选取了用户活跃度最高的汽车论坛之一——汽车之家来提取关键词。为了准确地反映消费者考虑购买汽车并上网搜索信息时所采用的搜索词，我们采取以下详细步骤来确定搜索关键词。

(1) 确定关键词选取的基本词条。我们根据搜狐网站汽车频道(http://db.auto.sohu.com/cxdata/)所提供的车型名和"品牌名+车型名"的组合(如 A4L 及奥迪 A4L)为最初的基本词条。

(2) 获取基本词条的近义词。在汽车之家论坛(http://club.autohome.com.cn/)找到该车型的论坛主题，通过自主开发的软件程序，采用抓取网页的方式收集了论坛帖子的内容。为了更准确地确定关键词，我们用文本挖掘技术找出基本词条的同义词。具体过程为：先对抓取后的文本语料进行 Jieba 分词；利用深度学习的 Word2vec 模型对分好词的语料做训练，把词转化为向量空间模型的形式；然后结合 TF-IDF①算法和余弦相似度算法找出与基本词

① TF-IDF(term frequency-inverse document frequency)，是一种用于信息检索与数据挖掘的常用加权技术。TF 表示词频，IDF 表示逆文本频率指数。

条相似的词条(对于延伸词条，我们不予考虑，如 A4L 油耗)，即近义词。对找出来的近义词继续做训练，重复多次，总共得到了 452 个词条。经过结构化查询语言(structured query language，SQL)去重后，得到了 318 个词条。

(3)选取论坛高频词条。对于每一词条，我们都在论坛的文本中统计出词频，并选取词频较多的词作为百度搜索指数中检索的目标关键词。对于仍有歧义的词条，我们会加上品牌名来作为目标检索关键词，如“金刚”，目标词则为“吉利金刚”。类似的例子还包括“雨燕”“北斗星”“高尔夫”等。

(4)确定最终搜索词条。选定目标词在百度搜索指数中进行检索，我们选取百度指数中排名最高的词作为关键词。对于仍不能确定排名的词，我们再选取其与销量之间在不同滞后期(0～6 期)皮尔逊相关系数最高的词作为搜索关键词，最终得到了 55 款车型可各自用于百度指数检索的唯一关键词。

对于每一个关键词指数，我们都计算了其与销量在 0～12 滞后期的皮尔逊相关系数，表 5.1 是关键词的百度搜索指数与销量之间基于最大皮尔逊相关系数的滞后阶数。可以看出，滞后期普遍集中在 0～2 期，且其中大多数滞后期都为 0 期。对于该现象可能的解释是：尽管现实当中消费者在最终购买前可能会产生几个月的信息搜索和评价过程，但是他们搜索的数量和强度都比较小，直到在购买的前一个月，其搜索数量会达到一个临界点。

表 5.1　关键词及其滞后期

关键词	滞后期	关键词	滞后期	关键词	滞后期	关键词	滞后期
远景	0	POLO	0	丰田皇冠	1	吉利自由舰	0
君越	0	凯越	1	宝马 3 系	0	铃木雨燕	2
途胜	0	景程	0	马自达 6	0	大众高尔夫	0
轩逸	0	奥拓	0	丰田威驰	0	铃木北斗星	0
思域	0	捷达	0	本田 CR-V	0	奔腾 B70	2
锐志	2	天籁	4	三菱戈蓝	0	金杯阁瑞斯	7
途安	0	奥德赛	0	赛拉图	0	中华骏捷	0
GL8	0	福美来	0	宝马 5 系	0	奇瑞 QQ3	0
速腾	0	花冠 EX	0	赛欧三厢	2	福克斯三厢	4
雅阁	0	特拉卡	0	江淮瑞风	0	奥迪 A4L	0
飞度	0	圣达菲	0	普拉多	0	威志三厢	0
乐驰	2	普力马	1	吉利金刚	3	利亚纳两厢	0
君威	0	凯美瑞	0	三菱蓝瑟	0	奥迪 A6L	0
骐达	0	帕拉丁	0	比亚迪 F3	0	—	—

5.4　百度搜索指数与汽车销量的关系

5.4.1　单位根检验

本章选择实际汽车销量(*S*)为因变量，以百度搜索指数(*B*)为自变量。为了减少异方差对检验结果带来的影响，本章数据全部进行对数处理(ln*S*，ln*B*)，这样处理也是考虑到了销量和搜索指数的偏斜分布。对数处理还有一个好处：在解释估计结果时能够以百分比变化而非绝对值的变化解释搜索的预测作用。

由于本章的样本数据均为面板数据，和时间序列数据一样，为了保证变量的平稳性和避免伪回归现象，在建立计量经济学模型之前要对变量进行单位根检验和协整检验。常用的面板数据单位根检验方法有 LLC 检验、PP 检验、IPS 检验、ADF 检验等。本章采用这四种方法同时进行检验，检验结果如表 5.2 所示，由于检验原理不同，不同检验方法的结果不尽相同，本章以四种方法的结果一致为准，得到汽车销量和网络搜索指数在所有情况下都为水平平稳。因为协整检验的目的是看一组非平稳序列的线性组合是否具有协整关系(高铁梅，2009)，所以本章不再对汽车销量和网络搜索数据做协整检验，而直接进入格兰杰因果检验。

表 5.2　面板数据单位根检验结果

检验方法	变量	ln*B*	ln*S*
LLC 检验	(*A*)	−5.675***	−9.225***
	(*A*，*T*)	−7.632***	−21.590***
PP 检验	(*A*)	214.074***	757.240***
	(*A*，*T*)	368.976***	1075.280***
IPS 检验	(*A*)	−1.596*	−13.977***
	(*A*，*T*)	−8.176***	−23.765***
ADF 检验	(*A*)	202.397***	563.217***
	(*A*，*T*)	346.924***	903.453***
检验结果		平稳	平稳

注：括号中 *A* 代表单位根检验时含有漂移项，*T* 表示有趋势项；*和***分别表示在 0.1 和 0.01 水平上显著。

5.4.2 格兰杰因果检验

从实际生活来看，消费者会在购买汽车前上网搜索信息，那么网络搜索发生在购买汽车之前，即百度搜索指数是影响汽车销量的原因，为了验证实际数据能否支撑该结论，必须进行格兰杰因果检验，检验的前提条件是数据平稳。从网络搜索到汽车购买，实际产出滞后期有0～2个月，但本书研究使用网络搜索数据对汽车销量进行预测，对同期影响不作考虑。因此本章在进行格兰杰因果检验时将滞后期设定为1～2期，结果如表5.3所示。

表5.3　格兰杰因果检验

假设	滞后1月			滞后2月		
	*F*检验	概率	结论	*F*检验	概率	结论
ln*B*不是ln*S*的原因	44.101	0.001	拒绝***	18.245	0.000	拒绝***
ln*S*不是ln*B*的原因	11.776	0.000	拒绝***	6.430	0.002	拒绝***

注：***表示在0.01水平上显著。

从格兰杰因果检验的结果看，在滞后1期和滞后2期的情况下，网络搜索指数与汽车销量存在双向互动的因果关系。但使用格兰杰因果检验对汽车销量进行预测时，网络搜索数据的前期信息对均方误差减少的贡献要大于单位根检验。因此，网络搜索数据对汽车销量具有预测作用。

5.5 模型与结果

5.5.1 模型设定

采用面板数据分析网络搜索与销量关系时，首先需要用*F*检验来分析是采用混合回归还是面板数据，结果发现，本章应该采用面板数据。在研究它们的关系时，很有可能会产生遗漏相关变量的问题。在回归模型中，遗漏重要的相关变量是导致内生性的主要原因。因为一旦被遗漏的变量同时与因变量和目标自变量相关，那么目标自变量与随机扰动项的无关性假定就不再成立，这时如果用最小二乘法估计，目标自变量的估计就是偏的。出于此考虑，本章首先采用固定效应模型对面板数据进行估计，由此控制由遗漏变量产生的内生性影响，用固定效应模型控制截面变异是面板数据模型相较于截面数据模型的一大优势所在，而且 Hausman 检验的结果也拒绝了采用随机效应模型来建模。考虑到销量与网络搜索之间存在滞后期，在该模型当中，使用前一期搜索指数和前两期搜索指数作为自变量，以检验前 1 个月网络搜索和前 2 个月网络搜索是否都能够预测销量。对车型 i 在时间 t 的销量建立如下模型[①]。

$$
\begin{aligned}
&\ln S_{\text{brand,month}} = \beta \ln B_{\text{brand,month}} + \mu_{\text{brand}} + \varepsilon_{\text{brand,month}} \\
&\quad (\text{brand} = 1, \cdots, 55; \text{month} = \text{Jan2007}, \cdots, \text{Dec2015}) \\
&\ln S_{\text{brand,month}} = \log S \\
&\ln B_{\text{brand,month}} = \log B_1, \log B_2
\end{aligned}
\tag{5.1}
$$

为了减少截面数据的异方差，采用截面加权，利用广义最小二乘法(generalized least squares，GLS)对该模型进行估计，模型估计的结果如表 5.4 所示。从固定效应回归的结果可以看出，百度搜索指数确实能够预测销量，且该模型能够解释销量 76%的方差。

表 5.4　面板数据回归结果

变量	含义	Hausman 检验	系数	常数	R^2
$\log B_1$	前 1 个月网络搜索	29.702***	0.207*** (26.195)	6.638*** (118.296)	0.762
$\log B_2$	前 2 个月网络搜索	29.405***	0.206*** (25.858)	6.636*** (116.652)	0.761

注：括号中的值为参数估计的 t-统计量；***表示在 0.01 水平上显著。

5.5.2　预测效力检验

样本内分析已经证明，百度搜索指数对汽车销量具有很强的解释能力。接下来我们将通过样本外分析来检验百度搜索指数的预测效力。检验分析方式和 Seebach 等(2011)的研究类似，即采取滚动窗口的方式逐步预测 2015 年 1～12 月的销量。具体而言，首先利用第一个 96 个月的观测数据估计模型的参数，在此基础上预测第 97 个月的汽车销量。之后，将 96 个月的估计窗口后移一个月(即利用第 2～97 月的观测数据)重新估计模型的参数，并预测第 98 个月的销量，依此类推。为了检验本模型在不同预测期下的预测效力，按照类似的方式运用百度搜索指数还进行了提前 2 个月的预测值。

图 5.2 为福克斯三厢实际销量数据和预测销量数据的对比图，其中 $\ln S$

① 模型中的 brand 代表前文所指的 55 款车品牌。

为实际销量数据的对数值，$\ln F_1$、$\ln F_2$ 分别为提前 1 个月和提前 2 个月的预测值。从对比图可以看出，百度搜索指数与汽车销量结合程度较好，模型预测效果很好，该结果再次体现了网络搜索数据的预测效力。

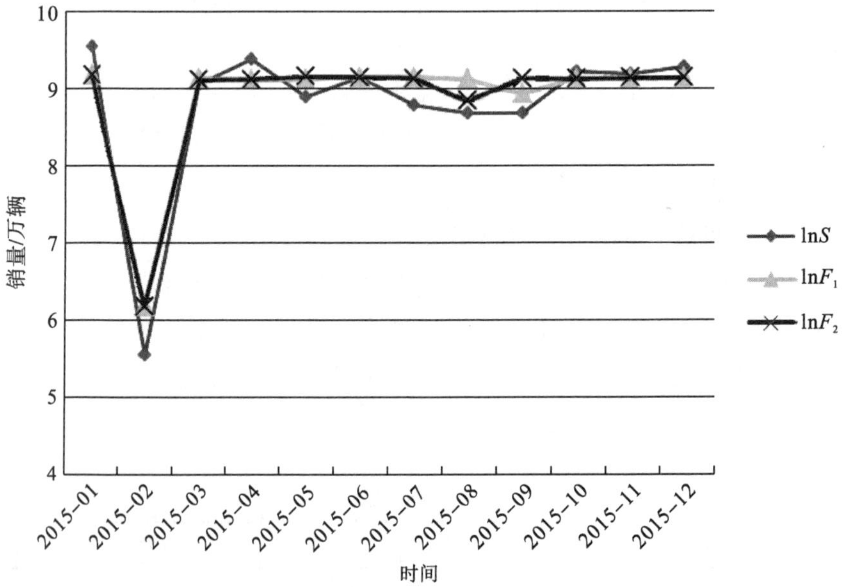

图 5.2　福克斯三厢实际销量数据与预测销量数据对比图

按照 Hyndman 和 Koehler(2006)提出的方法，本章选择平均绝对误差(MAE)作为评价预测效力的指标。MAE 的单位与因变量的单位一致，易于解释。此外，本章还计算了预测值的均方根误差(RMSE)，因为这一指标比 MAE 对异常值更加敏感，同时使用能够更加全面地评价模型的预测效力。考虑到要反映误差大小的相对值，本章又计算了不受量纲影响的平均相对误差(mean relative error，MRE)。MAE、RMSE 和 MRE 的计算方式如下。

$$\text{MAE}=\frac{1}{n}\sum_{i=1}^{n}\left|Y_i-\overline{Y}_i\right|,\ \text{RMSE}=\sqrt{\frac{1}{n}\sum_{i-1}^{n}\left(Y_i-\overline{Y}_i\right)^2},\ \text{MRE}=\frac{1}{n}\sum_{i=1}^{n}\left|\frac{\overline{Y}_i-Y_i}{Y_i}\right| \tag{5.2}$$

预测结果显示(表 5.5)，模型预测效果很好，加入百度搜索指数之后模型的拟合优度和预测精度都有了提高，这和格兰杰因果检验百度搜索指数是影响汽车销量的原因一致。对比网络搜索提前 1 个月和提前 2 个月的预测误差，可看出总体差别不大，提前 1 个月的百度搜索指数预测效果要略优于提前 2 个月的预测。

表 5.5　各预测期样本外预测误差结果

误差指标	MAE	RMSE	MRE
提前 1 个月	0.983	1.579	0.342
提前 2 个月	0.986	1.580	0.342

5.6　本章小结

本章用文本挖掘技术，对汽车之家论坛提取关键词，以关键词的百度搜索指数为数据基础，研究了网络搜索数据与我国汽车销量之间的关系，有以下两点发现：①网络搜索数据与汽车销量之间存在着长期均衡关系，且网络搜索数据可以解释汽车销量 76%的方差；②可以用提前 1 个月或提前 2 个月的网络搜索数据对我国汽车销量做预测。

本章的理论意义在于以下两点：①基于文本挖掘技术，提出了结构化的流程确定搜索数据关键词，为网络搜索数据在其他领域的研究提供了参考；②针对长面板数据建立模型，检验了网络搜索数据对汽车销量的预测作用。本章的实践意义在于：在不依赖历史销量数据的情况下，可以预测中国市场的汽车销量变动情况，有利于汽车企业制定相关营销策略和调整生产计划，同时也为政府部门制定相关政策提供了参考。

本章的研究局限体现在以下两个方面：一方面，采用固定效应模型来探索网络搜索数据对我国汽车销量的影响，在预测效果上还可以使用其他模型来完善；另一方面，本章是基于汽车之家论坛来确定网络检索的关键词的，但在以后的研究中可以考虑综合微信、微博、博客等其他社交媒体来全方位捕捉消费者的在线行为足迹。

第 6 章　基于网络搜索指数的市场预测模型比较研究

近年来，随着网络搜索数据价值的发现与利用，利用网络搜索数据开展市场预测的研究也逐渐增多，并取得了一系列有较大参考价值的研究成果。因此，为了进一步研究本书所构建的市场预测模型与现有类似研究的预测效果差异，并弥补现有研究中搜索指数数据源差异可能对研究结果造成影响的不足，本章首先与国内现有利用网络搜索数据进行汽车销量预测的研究作对比分析，比较预测效果；然后与基于 360 搜索指数源的模型进行对比分析，探讨不同搜索数据源对研究结果可能造成的影响。

6.1　基于网络搜索指数的销量预测模型效果比较

6.1.1　比较对象

通过对相关研究文献的详细梳理可知，现有利用网络搜索数据开展产品销量市场预测的研究还比较少见，比较有代表性的相关研究主要集中在汽车销量预测、电影票房预测、房屋成交量预测等领域。因此，考虑到本书的实证研究对象，特地选取汽车销量预测的相似研究作为对比研究对象。

目前，利用网络搜索数据直接对我国汽车市场销量开展预测分析的代表性研究，分别是袁庆玉等(2011)基于谷歌趋势提供的网络搜索数据，对国内不同价格区间(从 2 万～6 万元、6 万～9 万元、9 万～13 万元、13 万～17 万元、17 万～28 万元、28 万～42 万元以及 42 万～70 万元，共 7 种价格区间)的汽车销量开展实证预测分析，以及王守中等(2013)基于百度指数提供的网络搜索数据，对国内宝马汽车销量进行预测分析。因此，本书将以这两篇文章采用的网络搜索数据处理方法及预测模型作为重点比较对象，考察本书的网络搜索指数处理方法和所构建预测模型的应用效果。

6.1.2　研究数据

1. 原始数据来源

为使研究具有较强可比性，对比分析时用到的汽车销量数据与关键词网络搜索指数均采用本书前期统一收集的原始数据。其中，汽车销量数据来源于搜狐网站汽车频道提供的销量统计数据，各关键词的网络搜索指数来源于百度指数平台。

2. 网络搜索指数合成

本书选择的比较对象在各自的研究中，采取了不同的网络搜索指数合成方法，分别是时差相关性合成法和逐步合成法。其中，时差相关性合成法是分别计算每个关键词与基准指标的相关系数及时差关系，筛选出相关系数在给定参考指标以上(一般将相关系数$|r|$>0.5 作为基准指标)的所有关键词，然后将各关键词搜索指数数据按时差关系(预测时仅选取具有领先性的关键词)与基准指标进行错位对齐，直接相加可得到用于分析预测网络搜索合成指数。然而，逐步合成法与时差相关性合成法较为相似，也是首先计算各关键词序列与基准指标的相关系数和领先阶数，然后将每个关键词乘以权重(计算出来的相关系数)，再与基准指标进行错位对齐，最后对关键词与基准指标进行拟合度改进检验，最终构建出与基准指标拟合度最高的合成搜索指数，总体来说，该关键词数据处理方法相对复杂，其基本操作流程如图 6.1 所示。

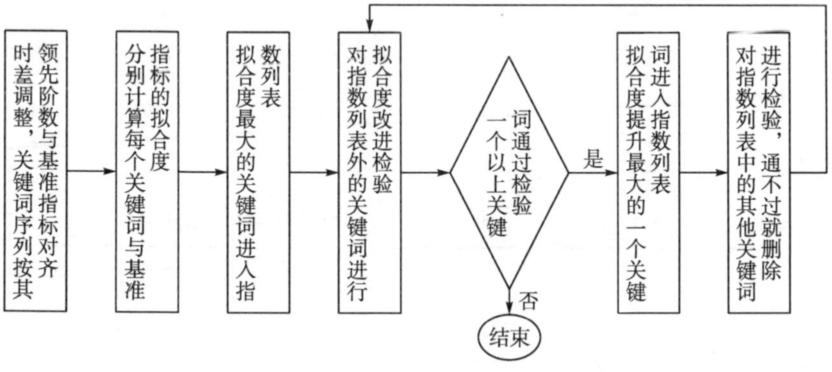

图 6.1　网络搜索指数的逐步合成法处理流程图

基于上述合成搜索指数构建方法，本书分别对各自方法的合成搜索指数进行了构建，通过时差相关性合成法得出的合成搜索指数变量记为I_t，通过逐步合成法得出的合成搜索指数变量记为i_t。

6.1.3 模型估计与结果分析

为全面分析比较对象中所采用的不同搜索指数合成方法的效果和预测模型的预测能力，本书分别对下述模型进行估计与分析。

模型 Ⅰ.A: $\text{Volume}_t = \beta_o + \alpha I_t + \varepsilon_t$

模型 Ⅰ.B: $\text{Volume}_t = \beta_o + \alpha i_t + \varepsilon_t$

模型 Ⅱ.A: $\text{Volume}_t = \beta_o + \gamma_1 \text{Volume}_{t-1} + \gamma_2 \text{Volume}_{t-12} + \alpha I_t + \varepsilon_t$

模型 Ⅱ.B: $\text{Volume}_t = \beta_o + \gamma_1 \text{Volume}_{t-1} + \gamma_2 \text{Volume}_{t-12} + \alpha i_t + \varepsilon_t$

其中，Volume_t为t时期的汽车销量；Volume_{t-1}、Volume_{t-12}分别为上一期和上年同期的帕萨特汽车销量；I_t为比较对象中采用时差相关性合成法得到的合成搜索指数；i_t为比较对象中采用逐步合成法得到的合成搜索指数；ε_t为模型的残差项，α、γ_1、γ_2为系数，β_o为常数。此外，模型Ⅰ.A与模型Ⅰ.B是比较对象中采用基于合成网络搜索数据的汽车销量预测模型；而模型Ⅱ.A与模型Ⅱ.B则是在本书构建的基础模型中引入不同方法时合成的搜索指数变量的对比分析模型。特别地，上述研究中新增变量均通过了本书前文所采用的数据平稳性检验，检验结果如表 6.1 所示。

表 6.1 数据平稳性检验结果

变量	ADF 检验	MacKinnon 临界值			ADF 检验结果
	t-统计量	1% 水平	5% 水平	10% 水平	
I_t	−2.379 957	−4.374 307	−3.603 202	−3.238 054	不平稳
i_t	−2.829 864	−4.374 307	−3.603 202	−3.238 054	不平稳
$D(I_t)$	−5.823 471	−4.394 309	−3.612 199	−3.243 079	平稳
$D(i_t)$	−6.415 567	−4.394 309	−3.612 199	−3.243 079	平稳

在此基础之上，对上述各模型进行估计，模型估计和检验结果如表 6.2 所示。从表 6.2 中模型估计与残差序列检验结果可以看出，模型设置是合理的。其中，除模型Ⅱ.A和模型Ⅱ.B的γ_1系数(对于模型Ⅱ.A，γ_1=−0.224，

p=0.151；对于模型 II.B，γ_1=0.033，p=0.779）检验不显著外，其他各变量系数均在 0.01 水平上显著，这与本书第 4 章得出的分析结论保持一致。

表 6.2　各模型估计结果

含义项		模型 I.A	模型 I.B	模型 II.A	模型 II.B
β_0		5.675*** (6.621)	−3.938*** (−4.374)	5.089*** (4.453)	−3.523*** (−4.196)
α		−0.859*** (−4.557)	0.120*** (6.379)	−0.856*** (−4.307)	0.943*** (4.881)
γ_1		—	—	−0.224 (−1.492)	0.033 (0.285)
γ_2		—	—	0.515*** (4.013)	0.396*** (3.141)
R^2		0.475	0.639	0.694	0.731
调整后 R^2		0.452	0.623	0.648	0.691
F-统计量		20.768***	40.690***	15.137***	18.122***
D-W 统计量		2.149	1.860	2.011	2.228
残差序列平稳性检验（ADF 检验）	t-统计量	−5.312 836	−4.500 198	−4.717 940	−5.411 223
	1%水平	−2.664 853	−2.664 853	−2.669 359	−2.669 359
	5%水平	−1.955 681	−1.955 681	−1.956 406	−1.956 406
	10%水平	−1.608 793	−1.608 793	−1.608 495	−1.608 495
	结论	平稳	平稳	平稳	平稳

注：估计值下圆括号中是参数的 t-统计量；***表示估计参数在 0.01 水平上显著。

分析表 6.2 中各模型的估计结果，并与本书第 4 章所构建的预测模型进行对比，可以得出如下两点结论。

(1) 本章所构建出的市场销量预测模型拟合度最优，能够更多地解释销量变化。通过观察各模型的拟合度可以看出，比较对象直接采用的预测模型 I.A（R^2=0.475，调整后 R^2=0.452）和模型 I.B（R^2=0.639，调整后 R^2=0.623）的模型拟合度都低于本书第 4 章所构建的预测模型III（R^2=0.818，调整后 R^2=0.780）的拟合度。为了进一步考察各自所采用的搜索数据处理方法对不同预测模型带来的影响，本节还特意设置了对比模型 II.A（R^2=0.694，调整后 R^2=0.648）和模型 II.B（R^2=0.731，调整后 R^2=0.691），通过观察可以发现，它们的模型拟合度同样低于预测模型III。

(2) 本章基于主成分分析法对网络搜索指数合成所做的改进，相比时差相关性合成和逐步合成的搜索指数合成方法的效果更好，能够更有效地提取众多关键词搜索数据中对基准指标有解释价值的信息。结合上述第一点的分析结论，并与本书第 4 章所构建的分析模型 I (R^2=0.752，调整后 R^2=0.729)进行对比分析可以发现，本节所采用的关键词搜索指数合成方法效率更高，能够更充分地提取有价值的搜索信息，提高预测模型的拟合度。

6.1.4　模型预测效果对比分析

上述模型估计结果表明，本章所构建的预测模型解释能力最强，为了进一步考察各模型实际预测效力的差异，现采用与本书第 4 章同样的分析方法对模型进行预测分析。模型预测结果如表 6.3 所示。

表 6.3　各模型样本外预测效果对比

模型评价指标	模型 I.A	模型 I.B	模型 II.A	模型 II.B
MAE	0.192	0.148	0.169	0.136
RMSE	0.274	0.162	0.243	0.148

观察可以发现，表 6.3 中各模型在 MAE 和 RMSE 两个模型预测精度评价指标上都高于本书第四章构建的预测模型III(MAE=0.122，RMSE=0.144)，说明本章建立的细分车型汽车销量预测模型具有更高的预测精度。

从上述对比分析可以看出，本章所构建的市场预测模型不仅具有良好的模型拟合度，能够解释更多的产品销量变动信息，也对实际产品销量有更高的预测精度。

6.2　基于 360 搜索指数的模型预测效果比较

6.2.1　研究数据

1. 原始数据来源

比较研究所需汽车销量数据，采用与本书第 4 章预测分析时所使用的同一数据，而研究所需关键词的搜索指数数据则来源于 360 指数平台。由前文对搜索数据采集的说明可知，直接全部由人工采集，工作量将非常巨大。为了保证研究效率和研究进度，依托研究团队开发出一款数据爬虫软件，如附录所示，该软件可以有效抓取 360 指数平台上各关键词的每天搜索指数数据，因此所需各关键词的 360 指数数据收集主要依靠爬虫软件与人工整理相结合的方式来完成。除数据采集方式以外，其他所有对搜索指数数据进行基础处理的方法均与第 4 章相一致。

2. 网络搜索指数合成

为尽量保证研究的可比性，这里首先采用与第 4 章分析时基于同一理论框架所构建出的原始关键词库，并将其作为关键词网络搜索指数收集的范围，然后采用完全相同的搜索指数合成方法对采集得到的搜索数据进行搜索指数合成。通过筛选得到 12 个核心关键词用于指数合成，其中正、负相关关键词各 6 个。最后分别进行主成分搜索指数合成，提取出的正、负相关合成搜索主成分数各 2 个，分别记为 Q_1'、Q_2' 与 q_1'、q_2'。由于数据分析及处理方法与第 4 章完全一致，出于篇幅考虑，正文并未给出详细的分析过程，关于搜索指数合成的主成分方差提取表详见附录。

6.2.2　模型估计与预测结果

基于 360 搜索指数源所提取出的各网络搜索合成指数变量（Q_1'、Q_2'、q_1'、q_2'）均通过了相同的数据平稳性检验，且按与第 4 章同样的网络搜索指数参数判定方法得出进入预测模型的搜索主成分数。因此，这里将提取出的第一搜索主成分作为网络搜索合成指数变量代入模型进行分析，其中模型Ⅲ′是基于 360 指数源的比较分析模型，而模型Ⅲ是本书第 4 章已建立的基于百度指数源的实际预测分析模型。本节分别对模型Ⅲ′进行估计与预测分析，并与本书第 4 章所构建的基于百度指数源的预测模型Ⅲ进行对比分析。表 6.4 和表 6.5 分别为模型估计与模型预测结果对比分析表。

表 6.4　模型估计对比分析表

变量系数/含义项	模型Ⅲ′（360 指数源）	模型Ⅲ（百度指数源）
β_o	2.600*** (2.899)	—
γ_1	−0.172 (−1.207)	−0.083 (−0.682)
γ_2	0.498*** (3.687)	0.351*** (3.187)

续表

变量系数/含义项		模型 III′（360 指数源）	模型 III（百度指数源）
$\alpha_1(Q_1'、Q_1)$		0.162 (0.799)	0.571*** (6.505)
$\alpha_2(Q_2)$		—	−0.461* (−1.980)
$\rho_1(q_1'、q_1)$		−0.107** (−2.680)	−0.163*** (−5.619)
R^2		0.711	0.818
调整后 R^2		0.650	0.780
残差平方和		1.971	1.238
D-W 统计量		2.619	2.019
残差序列平稳性检验（ADF 检验）	t-统计量	−6.743	−5.217
	1%水平	−2.669	−2.674
	5%水平	−1.956	−1.957
	10%水平	−1.608	−1.608
	结论	平稳	平稳

注：①估计值下圆括号中是参数的 t-统计量；②未给出模型估计时，系数为不显著的常数项；*、**和***分别表示估计参数在 0.1、0.05 和 0.01 水平上显著。

表 6.5　模型预测对比分析表

评价指标	模型 III′（360 指数源）	模型 III（百度指数源）
MAE	0.213	0.122
RMSE	0.271	0.144

分析模型III′的估计、预测结果并与模型III对比可以看出，基于 360 指数源的预测模型同样具有对产品市场销量进行预测的能力。但是，基于百度指数源的预测模型从整体上来看，不仅模型拟合度更优（R^2=0.818>0.711，调整后 R^2=0.780>0.650），而且实际预测精度也更高（MAE=0.122<0.213，RMSE=0.144<0.271）。此外，通过对模型III′的系数显著性对比观察，本书发现了一个非常有趣的情况，那就是基于正相关系数关键词合成出来的第一搜索主成分变量系数（$\alpha_1 = 0.162$， $p = 0.434$）不显著，这与百度指数源合成出来的搜索指数变量（$\alpha_1 = 0.571$， $p < 0.001$）存在极其显著的差异性，为了探析这种情况出现的原因，本书接下来对研究数据进行了详细的比较分析。

6.2.3　预测效果差异探析

上述模型估计与预测结果分析表明，基于百度指数源的关键词网络搜索数据对汽车销量具有更强的预测效力，而且从模型分析结果可以推断这两种数据源之间可能存在较显著的差异性。因为导致这种差异性的原因可能非常多，如各自搜索指数平台的市场占有率、所覆盖的用户群体差异、数据建设质量等多方面，所以，本书现阶段重点选取模型分析时发现，关于正相关关键词合成出来的第一搜索主成分变量系数不显著的问题作为切入点，对两者的差异性进行分析探讨。

首先，本书在研究时分别对搜索指数合成的关键词进行了考察，并基于 360 指数平台和百度指数平台得出用于指数合成的正相关系数关键词列表(表 6.6)。

表 6.6　基于 360 指数平台和百度指数平台的正相关系数关键词列表

平台	关键词	领先期数
360 指数平台	汽车新闻	5
	车船税新标准	5
	爱卡汽车	10
	风行天下车友会	6
	实体经济	10
	汽车购置税计算器	12
百度指数平台	帕萨特领驭 1.8T	7
	风行天下车友会	6
	爱卡汽车	5
	新浪汽车	10

通过观察可以发现，按同一标准筛选得到的不同指数源的关键词存在较明显的差异，其中 360 指数平台方面，通过相关性分析检验的关键词主要与通常的购车环境和宏观调研相关性较高；而百度指数平台方面，关键词“帕萨特领驭 1.8T”显示出与研究对象具有较强的正向相关关系，进一步分析发现，“帕萨特领驭”作为帕萨特车型的经典系列，产品销量与消费者口碑都不错，而且综合考虑百度指数提供的搜索该关键词的人群属性(年龄主要集中在 30～39 岁，且男性占比达 84%)，可以大致推断，该关键词搜索关注度的增加应该会对销量增长有较强的直接正向影响。那么，为什么 360 指数平台统计的同一关键词的搜索指数数据没有通过显著性检验呢？

基于上述疑问，本书详细查看了该关键词的 360 搜索指数数据，我们发现，360 指数平台对该关键词搜索指数的统计存在非常大的缺口，多个时段的统计数据存在明显的缺失现象，如图 6.2 所示。不难看出，这种统计上的缺失可能导致最终的研究结论与实际情况相差甚远。

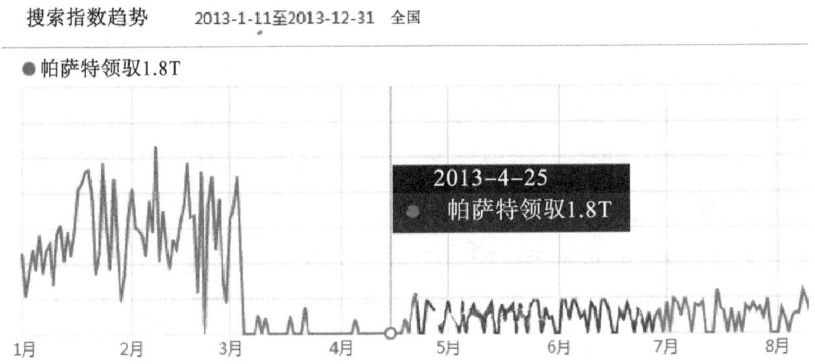

图 6.2　关键词“帕萨特领驭 1.8T”的 360 搜索指数平台统计情况示例

此外，在对关键词数据进行统计性分析时还发现，百度指数平台和 360 指数平台所收录的关键词的覆盖面存在一定的差异，部分关键词并未被两个指数平台同时收录。而且，通过对这类部分关键词的抽检分析发现，某些关键词与研究对象也存在较高的相关性。

基于上述分析，本书认为，虽然网络搜索数据为我们提供了新的预测数据源，也能够达到较好的预测效果，但是如何更加有效地利用现有的网络搜索数据去提高对市场的预测能力，并尽量避免由于数据本身的缺失可能对研究带来的系统干扰和误差，从而更加真实精准地反映实际问题，仍然是非常值得我们关注的问题。

6.3　本章小结

前文研究已初步说明本书基于百度指数所构建的市场预测模型是有效的，而且对实际的汽车销量有良好的预测效果。因此，为更全面地考察本书所构建的市场预测模型的有效性及与现有类似研究的预测效果差异，并弥补现有研究因搜索指数数据源差异可能对研究结果造成影响的不足，本章首先与国内现有利用网络搜索数据对汽车销量预测的研究进行对比分析，然后进一步探讨了不同搜索数据源(360 指数与百度指数)的模型预测效果差异。

第 7 章　消费者购买意向转移理论框架与模型搭建

7.1　基于消费者网络信息搜索的模型理论框架

通过对消费者购买决策过程的分析与研究可以发现，在从消费者对某种产品产生需求开始，到最终实现购买的整个行为过程中，信息搜集与商品评估是极其重要的阶段。然而，消费者对产品种类需求的不同，会使信息搜集和评估的过程各有不同。通常情况下，这个阶段所耗费的时间和精力会随着商品价值的升高和非必需程度的增加而增加，如非必需品的决策时间和复杂程度要大于必需品。伴随着商品信息搜集与评估复杂度的增加，对信息量和信息真实性的需求也会逐渐增加。在如今的互联网生活中，在网上进行信息搜集已经成为人们日常生活中重要的信息获取渠道，网络上广泛、及时的信息可以帮助消费者更全面地了解产品的方方面面。CNNIC 发布的《2015 年中国网民搜索行为调查报告》显示，截至 2015 年 12 月，我国搜索引擎用户规模达 5.66 亿人，使用率为 82.3%，且 94.6%的搜索用户通过综合搜索网站搜索信息，而购物网站的站内搜索和视频搜索渗透率分别达到了 86.3%和 84.4%。当消费者通过搜索引擎进行信息搜索时，搜索的信息内容与搜索轨迹则从侧面表现出消费者的购买兴趣。随着消费者对不同产品的信息搜索与比较，搜索的信息内容会越来越侧重于自身心仪的产品。消费者在网络上留下的这些搜索痕迹则能有效体现消费者的购买决策过程和个人购买意愿的转移过程。

基于前文的消费者决策过程理论基础与分析，得到如图 7.1 所示的消费者购买意愿转移理论框架。该框架的主要思想如下。从消费者产生购买需求开始，便会通过各种渠道对信息进行收集，其中包括网络渠道的信息收集。当在网络上进行信息搜索时，信息内容主要以产品关键词的形式在网络上留下搜索痕迹。消费者在信息搜索的过程中，随着对产品的不断了解和自身知识体系的不断完善，则会对同类产品产生不同的购买兴趣。随着购买兴趣的转移，消费者的购买意愿就会在同类产品中发生转移，而这种购买意愿转移的最终结果以购买行为来展现，即体现在产品的销量上。因此，同类产品，特别是竞争品牌关键词的搜索量和产品销量之间会存在一定的关系，通过对竞争品牌之间搜索量和销量之间关系的探索与研究，可以将消费者在竞争品牌之间的购买意愿的转移方向展现出来。当商家了解整体趋势下潜在消费者在本品与竞争品牌之间的转移方向时，可以更清晰地了解自身品牌的相对地位，并及时地调整自己的营销策略。因此，本书对消费者购买意向转移的研究具有非常重要的研究意义，在实践中也具有很大的应用价值。

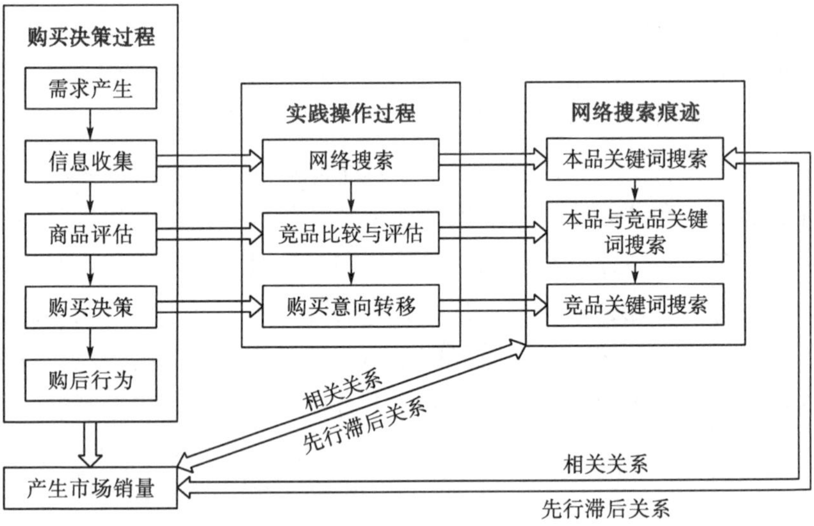

图 7.1　消费者购买意愿转移理论框架图

虽然从个体上看，不是所有的消费者在购买产品前都会进行网络搜索，且不是所有对产品信息进行过搜索的人最终都会购买产品，即使消费者在购买前会进行信息搜索，但是由于每个消费者个体特征的不同，消费者对产品的购买意愿转移的方向也会各有不同。因此，从总体趋势上来看，消费者的产品信息搜索与产品销量之间会存在特定的关系和规律。以汽车行业为例，以百度指数和汽车销量为数据来源，如图 7.2 所示，当以“途观”和“翼虎”为关键词，并与大众途观汽车销量进行趋势对比时可以发现(时间区间为 2014 年 2 月至 2016 年 8 月)，三者之间的波动具有一定关系。这表明了本书所提出的理论框架的合理性。此外，虽然个人意向转移方向会有不同，但如果可以从大数据趋势上验证出两品牌之间的主要转移方向，则可以判别出特定品牌间的相对弱势品牌和相对强势品牌，这有利于企业发现自身品牌的相对竞争地位和判别品牌网络营销的有效性。由此也说明了本书研究的价值，为本书的进一步研究奠定了基础。

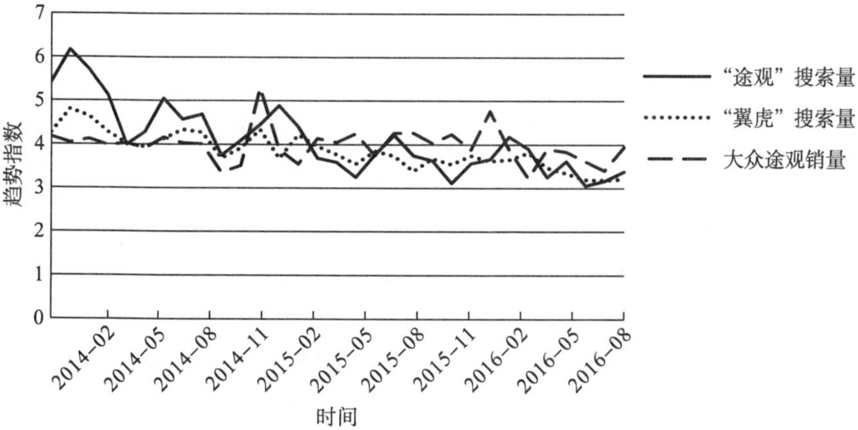

图 7.2　大众途观销量与百度指数关键词趋势对比图

7.2　模型的建立

7.2.1　相关理论回顾

1. 从消费引发的网络搜索

从消费者购买决策过程可以得知，消费者在消费决策过程中，会做信息收集。在信息收集的过程中，也会通过网络渠道进行信息扩充。因此，搜索引擎上留下的搜索痕迹——搜索指数可以代表消费者的关注点。在零售业中，可以通过引入搜索指数进行更精准的销量预测，以帮助商家提早制定相应策略。例如，袁玉庆等(2011)在研究中发现，汽车行业关键词与销量之间存在很强的相关性，且将网络搜索指数加入预测模型后，汽车销量的预测精确度被有效地提高了。王炼等(2015)也在后续的研究中发现，引入百度搜索指数不仅可以有效地对汽车销量进行预测，还可以有效地对市场份额进行预测。

2. 从搜索引发的兴趣

用户在互联网成千上万的信息资源中寻找自己感兴趣的产品时，会通过搜索产品关键词来缩小信息范围。在互联网搜索到的信息中，不缺乏该类产品的广告、口碑等各种信息。企业通过在网络上推行广告策略和营销手段，可以树立自身品牌形象，消费者通过感知到的品牌形象与自身偏好相结合，往往可以激发起购买兴趣。此外，良好的在线产品口碑会产生正面的效应，引发其购买兴趣。

3. 兴趣导致的意向转移

消费者在商品购买决策过程中会逐渐对该类产品的其他品牌产生兴趣，从而发生购买意向的转移。引起这种意向转移的原因主要为两类：一类是广告、商家促销、他人评论等其他产品的营销因素会引起消费者的兴趣，进而使其发生购买意向转移；另一类是消费者在信息搜索过程中，对产品知识的进一步积累，以及对自身需求的进一步了解，也会使最初的购买意向发生转移。中国学者孙鲁平和苏萌(2015)在研究中发现，消费者的自述偏好和实际偏好有时会有较大的区别。以汽车为例，消费者在很多情况下并不会真正购买最开始时打算购买的汽车，其中主要原因是消费者对汽车知识的不成熟和不健全，而消费者的偏好也会随着知识体系的健全逐渐被改变，最终导致购买的汽车品牌与开始的决策有所不同。同时，陈默等(2015)在以有机牛奶为对象的实证研究中也发现，消费者的自述偏好与选择偏好存在很大的偏差，即便消费者对绿色食品的意识逐渐增强，也表示自己会购买有机牛奶，但是在实际购买选择时并没有实现购买。因此，只以消费者的口述偏好去预测市场往往与实际市场存在较大的差距，从而会使商家承受巨大的损失。

4. 消费者购买意向转移

从以上的理论回顾中我们可以知道，消费者的购买决策会引发网络搜索行为，而网络搜索行为过程中消费者会产生新的兴趣，新的兴趣会引发消费者购买意向的转移，使其最终购买其他品牌的产品，这一过程如图 7.3 所示。虽然现有文献的研究结果可以表明消费者在决策过程中的购买意向会发生转移，然而关于如何通过大数据测量消费者意向转移的方向却鲜有人研究。尽管很多学者的研究中也探讨了搜索指数与产品销量之间的相关关系，但是该部分研究更注重搜索指数对销量的预测作用，而不是它们之间的内在经济关系。因此，本书在消费者购买意向转移的研究中引入了网络搜索指数，具体地探讨搜索指数与产品销量之间的因果关系。

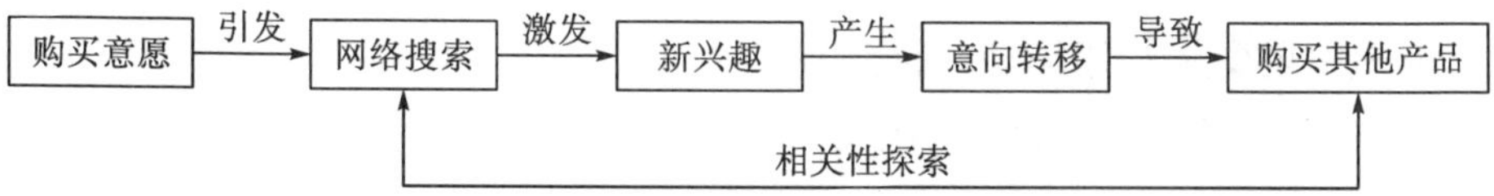

图 7.3　消费者购买意向转移流程图

7.2.2　基于网络搜索指数的消费者购买意向转移模型构建

基于前文对消费者购买决策过程的进一步分析，我们得到了消费者购买意向转移理论模型框架。基于该理论模型框架，我们可以得到下述结论。

(1)产品销量与该产品的网络搜索指数存在相关关系。在引入网络搜索指数进行商品销量预测的现有文献中，众多学者以相关网络搜索指数与产品销量的相关系数大小为基础，搭建销量预测模型。结果显示，产品销量与该产品的网络搜索指数存在极高的相关性，且可以通过建立的模型对产品销量进行有效预测。

(2)产品的网络搜索指数与竞品的网络搜索指数存在相关关系。通过对消费者购买决策过程的行为分析，发现消费者在信息搜索阶段，会随着信息的收集与积累，其兴趣会逐渐产生偏移。因此，搜索的信息会从一种品牌的关键词转移到其他品牌的关键词，由此，产品的网络搜索指数与竞品的网络搜索指数之间便会存在相关关系。

基于此，表 7.1 列出了本模型所需的变量定义。

表 7.1　变量定义表

变量名	变量定义
$S_{\mathrm{B}i}$	i 品牌关键词搜索量
$S_{\mathrm{B}j}$	i 品牌的竞品 j 品牌关键词搜索量
S_{Attr}	该类产品的共有属性类关键词搜索量
$S_{\mathrm{B}i,t}^{N}$	i 品牌在 t 期新增的关键词搜索量
$\rho_{\mathrm{B}i}$	i 品牌在同类商品中的市场份额
t	t 期
$q_{\mathrm{B}i}$	i 品牌的产品销量
c_1、c_2	常数

注：$S_{\mathrm{B}i}$ 和 $S_{\mathrm{B}j}$ 中的 B 指 Brand(品牌)的缩写。

基于上述变量构建模型，得到式(7.1)如下。

$$S_{\mathrm{B}i,t}=\beta_i S_{\mathrm{B}i,t-1}-\delta_i q_{\mathrm{B}i,t-1}+\sum\nolimits_{j\neq i}\partial_j S_{\mathrm{B}j,t-1}+S^{N}_{\mathrm{B}i,t}+c_1 \tag{7.1}$$

由于消费者在信息搜索时往往是多次、连续的，所以搜索引擎上留下的每一期搜索痕迹也都应该是连续、不独立的，基于此，每一期的产品搜索指数应该由三部分组成：上一期部分该品牌的搜索指数、上一期部分竞争品牌的搜索指数和这一期新进入的部分品牌搜索指数。

由于消费者在信息收集阶段会根据产品的不同而消耗不确定的时间长度，如几天、几周、几个月甚至几年，所以在每一期的产品搜索指数 $S_{\mathrm{B}i,t}$ 中，都应该含有部分上一期消费者搜索过且延续到这一期的搜索指数。需要注意的是，虽然信息搜集的过程会维持一段时间，但是最终会转化为销量，而销量与搜索指数又存在一定的关系。现有的引入网络搜索指数进行销量预测的文献指出，产品关键词的网络搜索指数对该产品的销量具有领先的预测作用，即当期网络搜索指数的趋势可以反映几期后销售量的变化趋势。网络搜索指数与销量之间呈现出极高的相关性，上一期延续下来的搜索指数可以表达为上一期的搜索指数与已经转化为销量的搜索指数的差值，表达式为 $\beta_i S_{\mathrm{B}i,t-1}-\delta_i q_{\mathrm{B}i,t-1}$。由此，上一期该产品部分搜索指数 $\beta_i S_{\mathrm{B}i,t-1}-\delta_i q_{\mathrm{B}i,t-1}$ 将成为这一期该产品搜索指数 $S_{\mathrm{B}i,t}$ 的组成部分。

消费者在信息搜索过程中可能会不断地对比相似的产品，他们的信息搜索重心也会发生转移，即从一种品牌转移到另一种品牌，表现形式为从一种品牌的搜索指数转移到另一种品牌的搜索指数。因此，在每一期的产品搜索指数 $S_{\mathrm{B}i,t}$ 中，也应包含上一期部分消费者在搜索其他竞争品牌，而在这一期转移到这一品牌的搜索指数，即部分的上一期竞争品牌搜索指数 $\sum\nolimits_{j\neq i}\partial_j S_{\mathrm{B}j,t-1}$ 将成为这一期该品牌搜索指数 $S_{\mathrm{B}i,t}$ 的组成部分。其中，转移系数 ∂_j 可能是正值，也可能是负值。当 ∂_j 为正值时，代表消费者在上一期搜索竞品时，会因为本品与竞品的同质性而注意到本品，且会因为本品具有消费者更关注的特质而将信息搜索的主要意向转移到本品上。这时，竞品营销投入为本品带来了更大的利益。当 ∂_j 为负值时，代表消费者在上一期搜索竞品信息后，因为竞品的特性而将更多的注意力转移到竞品上，不会再更多地关注本品。这时，营销投入为竞品带来了更大的利益，损害了本品的利益。

虽然每一期的搜索指数都有部分是从上一期延续下来的，但是每一期也会有一些是刚刚加入搜索的消费者产生的搜索指数，这些搜索指数不是从上一期的该品牌搜索指数延续下来的，也不是从竞争品牌的搜索指数转移过来的，因此是独立的，我们把它设定为$S_{\mathrm{B}i,t}^{N}$。$S_{\mathrm{B}i,t}^{N}$也成为这一期该品牌的搜索指数$S_{\mathrm{B}i,t}$的组成部分。

基于这样的理解，我们引入一个新的变量，该变量为属性类关键词。属性类关键词是指同类竞争品牌共有的属性类的词语，如共同的价格、颜色、国别等。因为消费者在进行信息搜索时除了直接搜索产品品牌关键词外，也会搜索属性类关键词以进行筛选，所以属性类关键词的搜索指数也具有品牌关键词多期连续的属性。我们认为，每一期的属性类关键词的搜索指数应该由两部分组成：上一期部分该属性词的搜索指数和这一期新加入的搜索指数。由此我们也得到了式(7.2)。

$$S_{\mathrm{Attr},t}=\beta_{\mathrm{Attr}}S_{\mathrm{Attr},t-1}-\delta_{\mathrm{Attr}}\sum\nolimits_{i}q_{\mathrm{B}i,t-1}+\gamma\sum\nolimits_{i}S_{\mathrm{B}i,t}^{N}+c_{2} \tag{7.2}$$

与品牌类关键词搜索指数相同，每一期的属性类关键词搜索指数$S_{\mathrm{Attr},t}$中，应该含有部分上一期消费者搜索过且延续到这一期的搜索指数，而且消费者在搜索过这些属性类关键词后，这些搜索指数最终也会转化为销量。这里的销量应该是具有该属性的产品销量总和。因此，我们将上一期延续下来的这部分搜索指数表达为$\beta_{\mathrm{Attr}}S_{\mathrm{Attr},t-1}-\delta_{\mathrm{Attr}}\sum\nolimits_{i}q_{\mathrm{B}i,t-1}$。由此，上一期该产品部分搜索指数将成为这一期该产品的搜索指数$S_{\mathrm{Attr},t}$的组成部分。

同样，每一期的属性类关键词搜索指数除了有部分是从上一期延续下来的，也会有一些是由刚刚加入搜索的消费者产生的，而这里新加入的搜索指数也会与该类型的产品在这一期新加入的搜索指数的总和相关，因此表达为$\gamma\sum\nolimits_{i}S_{\mathrm{B}i,t}^{N}$，即新加入的属性类关键词搜索指数$\gamma\sum\nolimits_{i}S_{\mathrm{B}i,t}^{N}$成为这一期该品牌的搜索指数$S_{\mathrm{Attr},t}$的组成部分。

特别的是，因为在实际的搜索指数数据中，新加入的搜索指数$S_{\mathrm{B}i,t}^{N}$是无法被剥离出来的，因此为了能够将理论更好地应用到实践中，我们将每一期新加入的搜索指数$S_{\mathrm{B}i,t}^{N}$进一步转化，得到式(7.3)和式(7.4)。

$$\rho_{\mathrm{B}i,t-1}=\frac{q_{\mathrm{B}i,t-1}}{\sum\nolimits_{i}q_{\mathrm{B}i,t-1}} \tag{7.3}$$

$$S_{\mathrm{B}i,t}^{N}=\rho_{\mathrm{B}i,t-1}\sum\nolimits_{i}S_{\mathrm{B}i,t}^{N} \tag{7.4}$$

式(7.4)中的$\rho_{\mathrm{B}i,t-1}$代表的是某产品在上一期的销量$q_{\mathrm{B}i,t-1}$占该类产品总销量$\sum\nolimits_{i}q_{\mathrm{B}i,t-1}$的百分比，即在该类产品中所占有的市场份额率。之后我们可以认为，上一期的市场份额$\rho_{\mathrm{B}i,t-1}$同样等同于本期该品牌新加入的搜索量$S_{\mathrm{B}i,t}^{N}$占该类产品总的新加入搜索量 $\sum_i S_{\mathrm{B}i,t}^N$ 的百分比，因此得到式(7.4)。

在充分理解式(7.1)～式(7.4)后，对四个公式进行整理，得到最终的消费者购买意向转移模型式(7.5)。

$$\begin{aligned} S_{\mathrm{B}i,t} = {} & \beta_i S_{\mathrm{B}i,t-1} + \left(\frac{\delta_{\mathrm{Attr}}}{\gamma} - \delta_i\right) q_{\mathrm{B}i,t-1} + \sum\nolimits_{j \neq i} \partial_j S_{\mathrm{B}j,t-1} + \frac{\rho_{\mathrm{B}i,t-1}}{\gamma} S_{\mathrm{Attr},t} \\ & - \frac{\beta_{\mathrm{Attr}} \rho_{\mathrm{B}i,t-1}}{\gamma} S_{\mathrm{Attr},t-1} + c \end{aligned} \tag{7.5}$$

在式(7.5)中，可以很明显地发现，与产品的当期搜索指数最终相关的变量分别为该产品在上一期的搜索指数 $S_{\mathrm{Bi},t-1}$，该产品在上一期的销量 $q_{\mathrm{Bi},t-1}$，该产品的竞品在上一期的搜索指数 $S_{\mathrm{Bj},t-1}$，该类产品的属性类关键词搜索量 $S_{\mathrm{Attr},t}$，以及该属性类关键词在上一期的搜索量 $S_{\mathrm{Attr},t-1}$，还有常数值 c。

7.3　本章小结

本章基于前文对相关文献的回顾与总结，搭建了消费者购买意向转移模型的理论框架，并在此基础上进一步探索，分析得到了消费者购买意向转移模型。其中，在对消费者购买决策理论进行回顾时，扩展了消费者在购买决策过程中出现的网络信息搜索行为模式，将消费者在实际信息搜索实践中出现的兴趣转移具体化为搜索指数的转移。基于此搭建消费者购买意向转移理论框架，再将理论框架与网络搜索指数的实践应用相结合进行梳理和归纳。最后，对搜索指数与销量之间的关系进行梳理，逐步得到各种关系式，对关系式进行合并整理，搭建出消费者购买意向转移模型。

第8章　消费者购买意向转移模型的实例应用研究

8.1　实例对象与数据来源

8.1.1　实例对象选择

为了将消费者购买意向转移模型进行应用以实现其实践价值，本书选择以汽车行业为实例研究对象。本书选择以汽车行业作为实例对象的原因主要有两个。

第一，基于汽车自身属性原因。中国汽车产业目前正处于蓬勃发展的阶段，新车销售与保有量保持双升态势，市场需求量较大。而汽车对于大部分的消费者来说属性复杂、种类繁多，且需要投入大量的资金。因此，消费者在开始购买汽车前，都会投入较多的时间对其进行信息搜索和评估。同时，汽车公司也开始纷纷将营销市场向线上转移，2015 年中国汽车在线广告市场规模已达 43.9 亿元，同比增长 40%，网络营销成为汽车行业的重要营销推广平台。随着网络营销形式的多样化，互联网成为目前购车用户获取汽车信息的主要渠道，信息收集占比已经高达 79.7%，其中汽车垂直类媒体与门户类汽车频道是购车用户主要访问的汽车类媒体，占比分别达到 60.2%和 63.5%。基于此，更多的学者也开始将汽车作为对象来研究网络搜索指数与汽车销量之间的关系，并以搜索指数来对汽车销量进行预测。由此说明了以汽车行业作为研究对象的合理性与科学性。

第二，出于研究价值的考虑。2016 年，我国汽车产销量分别为 2811.88 万辆和 2802.82 万辆，同比增长 14.46%和 13.65%，增幅比上年提升 11.21 个百分点和 8.97 个百分点①。伴随着迅猛的发展态势，汽车行业已经成为我国经济支柱产业之一。如何更好、有效地进行市场预测和营销已经成为学者的关注焦点。例如，利用网络搜索指数对我国的汽车销量进行预测，预测结果

① 中国汽车工业协会. 2016 年 12 月汽车工业产销情况简析.［2017-1-16］. https://www.caam.org.cn/chn/4/cate_30/con_5204085.html.

比传统的预测效度更高，提前期更短。王炼等(2015)利用网络搜索指数对汽车市场进行了实证研究，既验证了网络搜索指数对市场份额有显著的影响作用，又验证了广告对销量的影响是通过消费者搜索为中介进行的，因此消费者的信息搜索可以作为购买意向的代理变量。但是，现有研究多为网络搜索指数与销量之间相关度大小的研究，却没有具体讨论不同滞后期和系数值所代表的经济含义，不能从根本上给商家带来营销指导。

基于以上两点，考虑研究的有效性和应用性，本书选择汽车行业为模型的应用案例。特别地，初次购车的消费者相对二次购车的消费者对车的知识和使用经验较少，在信息搜集阶段耗费的时间也相对更长，因此我们把研究的车型定位于价格在 15 万元左右的中小型车，这类乘用车的受众人群更多，应用价值也更高。

8.1.2　研究数据来源

1. 销量数据

本章所需的汽车行业销量数据来自易车网的专业版数据，该专业版网站数据相比搜狐汽车网发布的销量数据可以精确到个位，与搜索指数的精确度相同，也更适合本章的研究。本章选择大众途观作为主要研究对象，并通过易车网整理了 2013 年 2 月至 2017 年 1 月(共 48 个月)的销量数据，每月竞品排行前四，对 48 个月里进入位列排行前四的车型次数进行统计，将超过 10 次进入位列前四的车型作为主要竞品选入研究对象中。最终，丰田 RAV4 荣放、本田 CR-V、长安福特翼虎同大众途观一同进入研究对象中。

2. 网络搜索指数数据

百度作为目前国内最大的搜索平台，采集到的搜索数据会更加具有代表性和说服力。因此，我们将百度指数平台提供的搜索指数作为本书研究的搜索指数数据。因为目前百度指数的数据难以采取直接下载的方式进行获取，所以本书使用的百度指数均为人工采集，数据的采集单位为日。本书研究采集了 2013 年 2 月 1 日至 2017 年 1 月 31 日所需要的汽车品牌关键词及共性品牌关键词。本书品牌关键词直接选择与该品牌销量相关性较大且搜索量大的关键词。最终选择品牌类关键词为“途观”“翼虎”“RAV4”“本田 CR-V”。针对属性类关键词，本书选择使用多个属性类关键词合成的共性关键词指数来代表，其中选择汽车类型、汽车价位、汽车产地、汽车特性共四个属性类关键词，本书采集了研究时间段内“SUV”“20 万元 SUV”“四驱”“国产车”共四个关键词的日搜索指数。

8.1.3 数据预处理

为了能够更好地研究网络搜索指数与销量之间的关系，需要将数据进行预处理。

(1) 由于汽车销量是以月销量的形式呈现的，为了使数据单位整体统一，需要将从百度指数平台采集的所有关键词的日搜索指数合并为月搜索指数。本书研究中将每月第一天到最后一天的搜索量加总作为月搜索量。

(2) 为排除一些不确定因素的干扰，本书研究使用三期移动平均法对关键词数据和销量数据进行了平滑处理，以消除其短期波动。因此，每个关键词的搜索数据和销量数据都会损失两期搜索量。最终使用 2013 年 3 月至 2016 年 12 月的关键词搜索指数数据。

8.1.4 共性关键词合成

在现有引入搜索指数的相关研究中，为了使搜索指数以更有效且更简洁的形式加入模型中，常会对多个关键词进行合并，组成一个关键词。目前在相关研究中，主要有四种关键词的合成方法，分别为直接合成法、相关性合成法、时差相关合成法和主成分分析合成法(高铁梅，2009)。在本章中，对共性关键词的合成目的是突出这几个关键词的共同趋势来代表对大众途观、丰田 RAV4 荣放等同类车的搜索趋势。因此，本书采取主成分分析合成法对多个关键词进行合成，使之成为一个共性关键词。其中以变量名 S_{SUV}、$S_{20\text{万元SUV}}$、$S_{\text{四驱}}$ 和 $S_{\text{国产车}}$ 分别代表“SUV”“20 万元 SUV”“四驱”“国产车”的搜索指数。表 8.1 和表 8.2 分别为本书利用 SPSS 19.0 统计分析软件计算得到的四个共性关键词方差分解主成分提取分析表和成分矩阵表。

表 8.1 共性关键词搜索指数方差分解主成分提取分析表

成分	初始特征值			提取平方和载入		
	合计	方差	累加	合计	方差	累加
S_{SUV}	2.262	56.546%	56.546%	2.262	56.546%	56.546%
$S_{20\text{万元SUV}}$	1.055	26.363%	82.909%	1.055	26.363%	82.909%
$S_{\text{四驱}}$	0.433	10.818%	93.727%			
$S_{\text{国产车}}$	0.251	6.273%	100%			

表 8.2　共性关键词搜索指数成分矩阵表

变量	成分	
	1	2
S_{SUV}	0.760	0.452
$S_{20万元SUV}$	0.810	−0.412
$S_{四驱}$	0.735	−0.575
$S_{国产车}$	0.697	0.592

通过表 8.1 方差分解主成分提取分析表得出四个关键词适合提取两个主成分。然后，通过 EViews 7.0 对四个共性关键词进行主成分分析，得到关键词的主成分特征向量矩阵，如表 8.3 所示。

表 8.3　共性关键词搜索指数的主成分特征向量矩阵

变量	成分 1	成分 2
S_{SUV}	0.506	0.440
$S_{20万元SUV}$	0.539	−0.401
$S_{四驱}$	0.489	−0.560
$S_{国产车}$	0.464	0.577

通过表 8.3 所显示的结果，得到共性关键词合成表达式为：

$$S_{Attr,t}=0.506S_{SUV,t}+0.539S_{20万元SUV,t}+0.489S_{四驱,t}+0.464S_{国产车,t} \tag{8.1}$$

根据式(8.1)的共性关键词合成表达式，将“SUV”“20 万元 SUV”“四驱”“国产车”四个关键词合成实例中的共性关键词。

为了消除纲量影响，将模型中变量取对数形式，代入后续的消费者购买意向转移的实例研究中。

8.2　研究模型的建立

8.2.1　回归模型的建立

基于上文建立的消费者购买意向转移模型，分别将大众途观、丰田 RAV4 荣放、本田 CR-V 和长安福特翼虎作为本品，其他品牌作为竞争品牌代入模型中，所需的变量如表 8.4 所示。

表 8.4　案例分析变量定义表

变量名	变量定义
$S_{\text{tg},t}$	“途观”当月百度月搜索量
$S_{\text{tg},t-1}$	“途观”上一月百度月搜索量
$S_{\text{RAV4},t}$	“RAV4”当月百度月搜索量
$S_{\text{RAV4},t-1}$	“RAV4”上一月百度月搜索量
$S_{\text{CR-V},t}$	“本田 CR-V”当月百度月搜索量
$S_{\text{CR-V},t-1}$	“本田 CR-V”上一月百度月搜索量
$S_{\text{yh},t}$	“翼虎”当月百度月搜索量
$S_{\text{yh},t-1}$	“翼虎”上一月百度月搜索量
$S_{\text{Attr},t}$	共性关键词当月百度月搜索量
$S_{\text{Attr},t-1}$	共性关键词上一月百度月搜索量
$q_{\text{tg},t-1}$	“途观”上一月的市场销量
$q_{\text{RAV4},t-1}$	“RAV4”上一月的市场销量
$q_{\text{CR-V},t-1}$	“本田 CR-V”上一月的市场销量
$q_{\text{yh},t-1}$	“翼虎”上一月的市场销量
c	常数

以消费者购买意向转移模型(7.5)为基础模型，分别以大众途观、丰田 RAV4 荣放、本田 CR-V 和长安福特翼虎作为本品，将其他品牌作为竞品，应用到模型当中，分别得到以大众途观、丰田 RAV4 荣放、本田 CR-V 和长安福特翼虎作为本品的消费者购买意向转移模型(8.2)～模型(8.5)。

$$S_{\text{tg},t} = \beta S_{\text{tg},t-1} + \alpha q_{\text{tg},t-1} + \partial_1 S_{\text{RAV4},t-1} + \partial_2 S_{\text{CR-V},t-1} + \partial_3 S_{\text{yh},t-1} + \delta S_{\text{Attr},t} - \varepsilon S_{\text{Attr},t-1} + c \tag{8.2}$$

$$S_{\text{RAV4},t} = \beta S_{\text{RAV4},t-1} + \alpha q_{\text{RAV4},t-1} + \partial_1 S_{\text{tg},t-1} + \partial_2 S_{\text{CR-V},t-1} + \partial_3 S_{\text{yh},t-1} + \delta S_{\text{Attr},t} - \varepsilon S_{\text{Attr},t-1} + c \tag{8.3}$$

$$S_{\text{CR-V},t} = \beta S_{\text{CR-V},t-1} + \alpha q_{\text{CR-V},t-1} + \partial_1 S_{\text{tg},t-1} + \partial_2 S_{\text{RAV4},t-1} + \partial_3 S_{\text{yh},t-1} + \delta S_{\text{Attr},t} - \varepsilon S_{\text{Attr},t-1} + c \tag{8.4}$$

$$S_{\text{yh},t} = \beta S_{\text{yh},t-1} + \alpha q_{\text{yh},t-1} + \partial_1 S_{\text{tg},t-1} + \partial_2 S_{\text{RAV4},t-1} + \partial_3 S_{\text{CR-V},t-1} + \delta S_{\text{Attr},t} - \varepsilon S_{\text{Attr},t-1} + c \tag{8.5}$$

8.2.2　模型解释

由于上一章中的消费者购买意向转移模型式(7.5)是由多个模型整合而成的，所以，我们在模型(8.2)～模型(8.5)中无法直接看出本品与其竞品之间的相互转移关系，但是，其模型的核心思想依旧是将当期的搜索指数进行分解。

其中，在以大众途观为本品的消费者购买意向转移模型(8.2)中，“途观”当月的搜索量依旧来源于三部分：部分上个月“途观”的搜索量，部分上个月竞争品牌“RAV4”“本田 CR-V”“翼虎”的搜索量，以及当月新加入的搜索量。在模型(8.2)中，当月新加入的搜索量主要以属性类关键词的表达式展现出来。

同样，在以丰田 RAV4 荣放为本品的消费者购买意向转移模型(8.3)中，“RAV4”当月的搜索量也来源于三部分：部分上个月“RAV4”的搜索量，部分上个月竞品“途观”“本田 CR-V”“翼虎”的搜索量，以及当月新加入的搜索量以 $\delta S_{\text{Attr},t} - \varepsilon S_{\text{Attr},t-1}$ 的表达式展现出来。

同理，以本田 CR-V 和长安福特翼虎为本品的消费者购买意向转移模型(8.4)和模型(8.5)中，当月的搜索量也来源于三部分：上个月该品牌关键词的搜索量，部分上个月竞品关键词的搜索量，以及以 $\delta S_{\text{Attr},t} - \varepsilon S_{\text{Attr},t-1}$ 为表达式的当月新加入的关键词搜索量。

需要注意的是，虽然在模型(8.2)～模型(8.5)中，有大部分的变量表达式相同，但是这里的系数却不是相同的，且不同的系数值所代表的含义也是不同的。下面我们就将收集到的数据代入模型中进行实证检验，拟合模型。

8.3　模型估计与分析

8.3.1　数据检验

本章使用 EViews 7.0 对研究实例数据进行平稳性检验，其检验结果如表 8.5 所示。

表 8.5　时间序列变量平稳性检验结果

变量	ADF 检验	MacKinnon 临界值			ADF 检验结果
	t-统计量	1% 水平	5% 水平	10% 水平	
$S_{tg,t}$	−0.179 927	−2.625 606	−1.949 609	−1.611 593	不平稳
$S_{RAV4,t}$	−0.069 738	−2.627 238	−1.949 856	−1.611 469	不平稳
$S_{CR\text{-}V,t}$	−1.683 408	−3.610 453	−2.938 987	−2.607 932	不平稳
$S_{yh,t}$	−0.325 503	−4.234 972	−3.540 328	−3.202 445	不平稳
$S_{Attr,t}$	0.699 478	−2.625 606	−1.949 609	−1.611 593	不平稳
$q_{tg,t}$	−2.712 901	−3.626 784	−2.945 842	−2.611 531	不平稳
$q_{RAV4,t}$	−0.292 449	2.630 762	−1.950 394	−1.611 202	不平稳
$q_{CR\text{-}V,t}$	−1.775 643	−3.596 616	−2.933 158	−2.604 867	不平稳
$q_{yh,t}$	−2.732 938	−4.192 337	−3.520 787	−3.191 277	不平稳
$D(S_{tg,t})$	−2.818 221	−2.625 606	−1.949 609	−1.611 593	平稳
$D(S_{RAV4,t})$	−2.980 206	−2.627 238	−1.949 856	−1.611 469	平稳
$D(S_{CR\text{-}V,t})$	−4.878 151	−3.610 453	−2.938 987	−2.607 932	平稳
$D(S_{yh,t})$	−5.849 955	−4.234 972	−3.540 328	−3.202 445	平稳
$D(S_{Attr,t})$	−2.809 787	−2.625 606	−1.949 609	−1.611 593	平稳
$D(q_{tg,t})$	−3.955 218	−3.626 784	−2.945 842	−2.611 531	平稳
$D(q_{RAV4,t})$	−4.047 369	2.630 762	−1.950 394	−1.611 202	平稳
$D(q_{CR\text{-}V,t})$	−6.650 815	−3.596 616	−2.933 158	−2.604 867	平稳
$D(q_{yh,t})$	−5.023 437	−4.192 337	−3.520 787	−3.191 277	平稳

ADF 检验的原假设是时间序列存在单位根，一般使用 EViews 软件输出的结果作为 ADF 检验的统计值，如果这个统计值是小于 0.01 水平上的 t 检验数值，就认为结果极显著地拒绝原假设，即时间序列是平稳的。从表 8.5 中的检验结果可以看出，各变量的原始序列是非平稳的，但一阶差分滞后序列均为平稳。当时间序列模型各变量具有相同的单整阶数时，可能存在协整关系，即长期的均衡关系。

8.3.2 模型估计与结果

回归分析是计量经济分析中使用最多的方法，是可以用来分析两个及两个以上的变量互相之间因果关系的统计方法。利用普通最小二乘法估计出来的系数在满足古典线性回归模型的基本假设条件下，具有优良的线性无偏最小方差的性质。然而，一旦这些条件不能被满足，这样的性质将不再存在。在怀疑存在异方差或者已经检测到异方差的存在时，则可以使用加权最小二乘法(weighted least squared，WLS)获得有效估计。本书研究使用 EViews 7.0 对模型(8.2)～模型(8.5)进行实证数据的 WLS 估计，即用 WLS 来改变权重，得到的模型估计结果如表 8.6 所示。

表 8.6　模型(8.2)～模型(8.5)的估计结果

变量	模型估计结果			
	模型(8.2)	模型(8.3)	模型(8.4)	模型(8.5)
$q_{tg,t-1}$	0.167*** (3.117)	—	—	—
$q_{RAV4,t-1}$	—	−0.332*** (−8.750)	—	—
$q_{CR\text{-}V,t-1}$	—	—	−0.123*** (−4.443)	—
$q_{yh,t-1}$	—	—	—	−0.005 (−0.168)
$S_{tg,t-1}$	0.662*** (7.859)	0.308*** (3.523)	0.253*** (4.440)	−0.072 (−0.930)
$S_{RAV4,t-1}$	−0.109*** (−3.148)	0.946*** (14.711)	0.157*** (3.542)	−0.083 (−1.568)
$S_{CR\text{-}V,t-1}$	−0.216*** (−4.884)	0.045 (1.020)	1.131*** (25.866)	−0.170*** (−4.271)
$S_{yh,t-1}$	−0.184*** (−3.144)	0.045 (0.733)	0.110 (1.676)	0.805*** (11.984)
$S_{Attr,t}$	−0.605*** (−7.180)	0.672*** (8.998)	0.593*** (5.003)	0.359*** (3.939)
$S_{Attr,t-1}$	0.508*** (5.233)	−0.688*** (−8.450)	−0.677*** (−5.970)	−0.215* (−1.882)
c	4.361*** (6.642)	−0.510 (−0.844)	−2.520*** (−3.182)	2.032** (2.318)
R^2	0.994	0.984	0.999	0.994
调整后 R^2	0.992	0.975	0.999	0.990

注：估计值下圆括号中是参数的 t-统计量；*、**和***分别表示估计参数在 0.1、0.05 和 0.01 水平上显著。

模型估计结果表明，模型(8.2)～模型(8.5)的 R^2 值均在 0.9 以上，模型的整体回归良好。此外，模型主要关注竞品的转移系数，因为该系数可以表现消费者的购买意向转移方向。从 WLS 估计结果中可以看到，在模型(8.2)中，丰田 RAV4 荣放(∂_1=−0.109，t=−3.148)、本田 CR-V(∂_2=−0.216，t=−4.884)和长安福特翼虎(∂_3=−0.184，t=−3.144)的搜索指数转移系数均表现显著。在模型(8.3)中，大众途观(∂_1=0.308，t=3.523)的搜索指数转移系数表现极其显著。在模型(8.4)中，大众途观(∂_1=0.253，t=4.440)和丰田 RAV4 荣放(∂_2=0.157，t=3.542)的搜索指数转移系数表现显著。在模型(8.5)中，本田 CR-V(∂_1=−0.170，t=−4.271)的搜索指数转移系数表现显著。

为了验证模型中自变量与因变量的均衡关系，即因变量能被自变量的线性组合所解释，需要对模型进行协整检验。协整检验从检验的对象上可以分为两种：一种是基于回归系数的协整检验，如 Johansen 协整检验；另一种是基于回归残差的协整检验，如 CRDW 检验、EG 检验和 AEG 检验。因为 Johansen 协整检验，是一种进行多变量协整检验的较好方法，所以在本章中使用 Johansen 协整检验进行模型的协整关系检验。在本模型中主要关注点在竞品之间搜索指数转移的长期关系，因此在本章中协整检验对象为竞品与本品的搜索指数。本章使用 EViews 分别对模型(8.2)～模型(8.5)中的本品搜索指数与竞品搜索指数进行了 Johansen 协整检验，得到的检验结果如表 8.7 所示。

表 8.7　模型中本品与竞品搜索指数的协整检验结果

检验模型	原假设	特征根	迹统计量	5%显著水平临界值	p 值
模型(8.2)	0 个协整向量	0.66	93.28	47.85	0.0000
	至少 1 个协整向量	0.52	50.61	29.79	0.0001
	至少 2 个协整向量	0.40	21.28	15.49	0.0060
	至少 3 个协整向量	0.01	0.77	3.84	0.3801
模型(8.3)	0 个协整向量	0.60	79.77	47.85	0.0000
	至少 1 个协整向量	0.49	41.98	29.79	0.0012
	至少 2 个协整向量	0.28	14.00	15.49	0.0827
	至少 3 个协整向量	0.00	0.021	3.841	0.8835
模型(8.4)	0 个协整向量	0.58	80.29	47.85	0.0000
	至少 1 个协整向量	0.50	43.88	29.79	0.0007
	至少 2 个协整向量	0.30	14.71	15.49	0.0653
	至少 3 个协整向量	0.00	0.00	3.84	0.9933
模型(8.5)	0 个协整向量	0.58	62.73	47.85	0.0011
	至少 1 个协整向量	0.34	26.84	29.79	0.1054
	至少 2 个协整向量	0.21	9.69	15.49	0.3049
	至少 3 个协整向量	0.00	0.00	3.84	0.9548

模型协整检验结果显示，模型(8.2)～模型(8.5)中的因变量与自变量中的竞品搜索指数之间存在长期的均衡关系。为了判断自变量与因变量是否存在因果关系，即 x 是否能引起 y 和 y 在多大程度上能被过去的 x 解释，与加入 x 的滞后值是否能使解释程度提高的问题，在本实例研究中，还需要做格兰杰因果检验。本实例中使用 EViews 7.0 对模型(8.2)～模型(8.5)中的本品搜索指数与回归估计结果显著的竞品搜索指数变量进行格兰杰因果检验，得到检验结果如表 8.8 所示。

表 8.8　格兰杰因果检验的结果

模型	原假设	F 统计量	p 值
模型(8.2)	$S_{CR\text{-}V,t-1}$ 不能由格兰杰因果检验引起 $S_{tg,t}$	4.314	0.0115
	$S_{RAV4,t-1}$ 不能由格兰杰因果检验引起 $S_{tg,t}$	2.840	0.0533
	$S_{yh,t-1}$ 不能由格兰杰因果检验引起 $S_{tg,t}$	3.333	0.0316
模型(8.3)	$S_{tg,t-1}$ 不能由格兰杰因果检验引起 $S_{RAV4,t}$	7.205	0.0008
模型(8.4)	$S_{tg,t-1}$ 不能由格兰杰因果检验引起 $S_{CR\text{-}V,t}$	2.519	0.0946
	$S_{RAV4,t-1}$ 不能由格兰杰因果检验引起 $S_{CR\text{-}V,t}$	2.627	0.0854
模型(8.5)	$S_{CR\text{-}V,t-1}$ 不能由格兰杰因果检验引起 $S_{yh,t}$	6.298	0.0043

由表 8.8 中的格兰杰因果检验结果可以得出：在模型(8.2)中，拒绝了 $S_{CR\text{-}V,t-1}$、$S_{RAV4,t-1}$、$S_{yh,t-1}$ 的波动不是“途观”搜索指数 $S_{tg,t}$ 的格兰杰原因的原假设，表明 $S_{CR\text{-}V,t-1}$、$S_{RAV4,t-1}$、$S_{yh,t-1}$ 是可以引起 $S_{tg,t}$ 波动的；在模型(8.3)中，拒绝了 $S_{tg,t-1}$ 不能由格兰杰因果检验引起 $S_{RAV4,t}$ 的原假设，表明 $S_{tg,t-1}$ 的波动是可以影响 $S_{RAV4,t}$ 的波动；在模型(8.4)中，拒绝了 $S_{tg,t-1}$、$S_{RAV4,t-1}$ 的波动不是“本田 CR-V”搜索指数 $S_{CR\text{-}V,t}$ 的格兰杰原因的原假设，表明 $S_{tg,t-1}$、$S_{RAV4,t-1}$ 的波动可以引起 $S_{CR\text{-}V,t}$ 的波动；在模型(8.5)中，拒绝了 $S_{CR\text{-}V,t-1}$ 不能由格兰杰因果检验引起 $S_{yh,t}$ 的原假设，表明 $S_{CR\text{-}V,t-1}$ 的波动可以引起 $S_{yh,t}$ 的波动。

8.3.3　模型结果分析

为了使大众途观、丰田 RAV4 荣放、本田 CR-V 和长安福特翼虎四个竞品之间的消费者搜索转移方向更加清晰，通过对上一小节模型估计结果的整理，得出四个品牌的转移系数方向图，如图 8.1 所示。

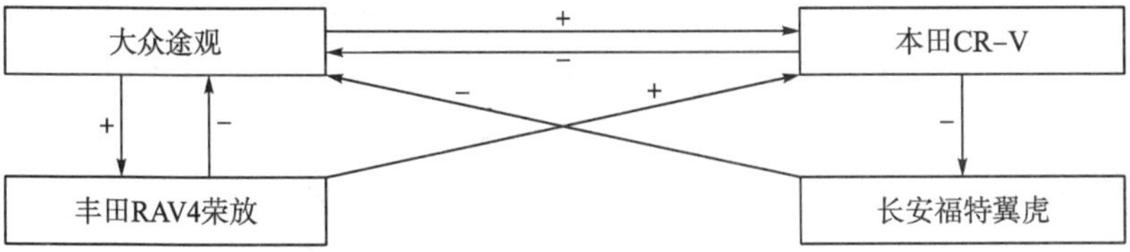

图 8.1　消费者品牌搜索转移系数方向图

通过图 8.1，可以很清晰地看出各品牌之间的转移方向和正负值。在模型建立过程中，我们将竞品变量定义为由上一期其他品牌的搜索指数向这一期本品搜索指数转移的数量。因此，当转移系数为正值时，我们很自然地将它理解为正向转移，当转移系数为负值时，我们把它理解为潜在阻碍转移的量，即当上一期搜索了其他竞品的信息时，消费者不再倾向搜索本品的信息，这也是竞品之间正常的竞争现象。下面我们以每两个品牌之间的转移关系为单位进行分析。

(1) 大众途观—丰田 RAV4 荣放：从模型估计结果中可以看到，大众途观和丰田 RAV4 荣放两个品牌之间的关系是相互的。其中，丰田 RAV4 荣放汽车对大众途观汽车的影响是负向的，即当消费者在上一期搜索与丰田 RAV4 荣放相关的信息时，会阻碍其在这一期对大众途观的搜索，从而对当期相关关键词的搜索有负向的影响。此外，大众途观汽车对丰田 RAV4 荣放汽车的影响是正向的，即当消费者在上一期搜索与大众途观相关的信息时，会因为产品口碑、汽车外形等特征引发消费者对丰田 RAV4 荣放的兴趣，从而引导消费者在这一期对丰田 RAV4 荣放汽车产生兴趣，产生搜索行为，意向也就产生了转移。从大众途观和丰田 RAV4 荣放之间的相互关系可以看出，对丰田 RAV4 荣放的信息搜索会阻碍对大众途观的信息搜索，而对大众途观的信息搜索却会促进对丰田 RAV4 荣放的搜索，其中消费者购买意向更容易从大众途观转移到丰田 RAV4 荣放，丰田 RAV4 荣放在两品牌间占有有利的竞争地位，是较强势的品牌。

(2) 大众途观—本田 CR-V：模型估计结果显示，大众途观与本田 CR-V 之间的关系也是双向的，且大众途观对本田 CR-V 的影响是正向的，本田 CR-V 对大众途观的影响是负向的，即消费者在上一期对大众途观的信息搜索过程中，会因为某些因素的影响，如价格、性价比、油耗等因素，则会在这一期倾向搜索本田 CR-V 汽车信息，也就是在信息搜索过程中，兴趣发生了转移。而相反地，本田 CR-V 对大众途观的信息搜索影响是负向的，即当消费者在上一期搜索与本田 CR-V 汽车相关的信息时，会对本田 CR-V 产生浓厚的购买兴趣，从而会潜在地阻碍消费者在这一期对大众途观汽车产生兴趣。从整体上来看，在两个品牌之间，会存在大众途观汽车向本田 CR-V 汽车信息搜索的转移，也就是消费者的购买意向更容易从大众途观向本田 CR-V 转移，因此在两个品牌之间，本田 CR-V 具有更有效的网络营销效果，是较强势的品牌。

(3) 大众途观—长安福特翼虎：模型估计结果显示，大众途观汽车和长安福特翼虎汽车之间的关系是单向的，即为长安福特翼虎的搜索向大众途观的搜索产生负向转移，长安福特翼虎会对大众途观产生正常的竞争影响。负向转移与正向转移不同的是，负向转移代表的是潜在的阻碍作用。因此，消费者在上一期对长安福特翼虎的信息搜索过程中，会阻碍消费者在这一期对大众途观的搜索。然而，大众途观对长安福特翼虎的信息搜索影响并不明显，既不会阻碍消费者对长安福特翼虎的搜索，也不会促进消费者对长安福特翼虎信息的搜索。但是从整体上来看，在两个品牌之间，会存在长安福特翼虎汽车向大众途观汽车的负向搜索转移，即长安福特翼虎阻碍了消费者对大众途观信息的搜索，因此在这两个品牌之间，长安福特翼虎是较强势的品牌。

(4) 丰田 RAV4 荣放—本田 CR-V：模型估计结果显示，丰田 RAV4 荣放和本田 CR-V 之间存在的关系是单向的。其中，丰田 RAV4 荣放汽车对本田 CR-V 汽车的影响是正向的，即当消费者在上一期搜索与丰田 RAV4 荣放相关的信息时，会促进消费者在这一期对本田 CR-V 汽车产生兴趣，发生搜索行为的转移。但是，本田 CR-V 的搜索对丰田 RAV4 荣放搜索的影响并不显著，既不会促进消费者对丰田 RAV4 荣放信息的搜索，也不会阻碍消费者对丰田 RAV4 荣放信息的搜索。从两个品牌之间的相互关系可以看出，本田 CR-V 汽车信息搜索对丰田 RAV4 荣放汽车的信息搜索无显著影响，而丰田 RAV4 荣放的信息搜索却会促进对本田 CR-V 信息的搜索，其中消费者购买意向更易从丰田 RAV4 荣放向本田 CR-V 转移，即丰田 RAV4 荣放汽车在两个品牌之间处于一种较弱的品牌地位。

(5) 丰田 RAV4 荣放—长安福特翼虎：模型估计结果显示，丰田 RAV4 荣放汽车和长安福特翼虎汽车之间的关系并不显著，即丰田 RAV4 荣放的信息搜索既不会促进消费者对长安福特翼虎信息的搜索，也不会阻碍消费者对长安福特翼虎信息的搜索；同样地，消费者对长安福特翼虎信息的搜索也是既不会促进其对丰田 RAV4 荣放汽车信息的搜索，也不会阻碍其对丰田 RAV4 荣放信息的搜索。整体来看，两个品牌之间的搜索指数无直接影响。

(6)本田 CR-V—长安福特翼虎：从模型估计结果上看，本田 CR-V 与长安福特翼虎之间的关系是相反的，即本田 CR-V 向长安福特翼虎的搜索存在负向转移，即消费者在上一期对本田 CR-V 的信息搜索过程，会阻碍其在这一期对长安福特翼虎的搜索。但是，长安福特翼虎对本田 CR-V 的信息搜索影响并不明显，既不会促进消费者对本田 CR-V 的搜索，也不会阻碍消费者对本田 CR-V 的搜索。整体上，在两个品牌之间，本田 CR-V 阻碍了消费者对长安福特翼虎的信息搜索，是较强势的品牌。

需要注意的是，在这里，由于我们在模型中将转移的含义定为上一期对某一品牌的搜索对下一期另一品牌搜索的影响，所以 A 品牌向 B 品牌正向转移和 B 品牌向 A 品牌负向转移的含义是不同的。因为 A 品牌向 B 品牌的正向转移是 A 品牌搜索会对 B 品牌搜索产生促进作用，而 B 品牌向 A 品牌的负向转移是 B 品牌的搜索对 A 品牌搜索产生阻碍作用。两种关系可以同时存在，但是无法合并为同一种关系。

此外，通过对研究对象中每两品牌之间关系的探讨，可以发现，品牌间搜索指数的影响是不对称的，而正是这种不对称性会体现出弱势品牌在网络营销中的不利地位。基于此，自身品牌的相对竞争位置和网络营销效果显得尤为重要。

通过对案例中四种品牌之间相互关系的整理，我们只关注消费者搜索的实际转移方向，却忽视了品牌之间搜索的潜在阻碍作用，只得到消费者品牌搜索意向转移方向。因为消费者的搜索意向可表明其购买意向(张崇等，2012)，所以我们得到消费者品牌购买意向转移趋势图(图 8.2)。

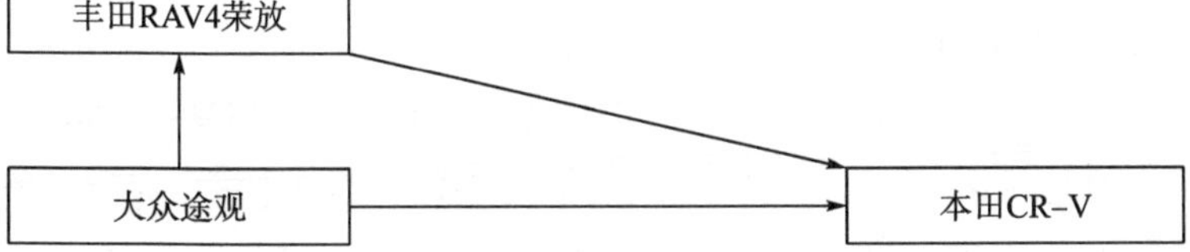

图 8.2　消费者品牌购买意向转移趋势图

可以看出，丰田 RAV4 荣放、长安福特翼虎、大众途观和本田 CR-V 四款竞争品牌中，只有丰田 RAV4 荣放、大众途观和本田 CR-V 汽车之间的消费者购买意向转移是显著的。其中，大众途观的潜在消费者会转移到丰田 RAV4 荣放和本田 CR-V 上，而丰田 RAV4 荣放的潜在消费者会转移到本田 CR-V 上。

为验证实例研究结果在实际营销分析中的可信性，我们对三款车(丰田 RAV4 荣放、大众途观和本田 CR-V)的特性进行了简单分析，参考数据主要来源于易车网和汽车之家网站，得到的模型结果解释如下。

(1)从价格上来看：因为在实际的汽车销售过程中，汽车价格会随着季节、活动促销、讨价还价等因素而各有不同，所以这里我们比较的汽车价格是参照全国汽车销售的指导价格，一般情况下实际销售价格会在参考价格的基础上降几个百分点。易车网给出的大众途观汽车的指导价格为 19.98 万～31.58 万元，丰田 RAV4 荣放汽车的指导价格为 17.98 万～26.98 万元，本田 CR-V 汽车的指导价格为 17.98 万～24.98 万元。指导价格的区间浮动主要是因为每款车型排放量、驱动方式、内饰等各要素的不同而产生价格的不同。但是从总体的价格趋势上可以看出，本田 CR-V 的价格在三款车中最低，丰田 RAV4 荣放的价格居次，而大众途观的价格相对最高。因为三款车均为价格 20 万元左右的入门款 SUV，所以消费者会对该类型汽车价格有一定的敏感性，其在价格因素上更偏重本田 CR-V，其次为丰田 RAV4 荣放，最后才是大众途观。

(2)从油耗上来看：油耗往往是购车者非常关注的汽车性能要素。高油耗的汽车虽然在动力上表现较好，但是在实际的汽车使用场景中，若以城市驾驶为主，低油耗就显得尤为重要。以 2.0 升发动机自动挡配置为标准，对三款车型的易车网用户评价油耗进行比较，得出大众途观的百公里油耗为 13.4 升，丰田 RAV4 荣放的百公里油耗为 11.6 升，本田 CR-V 的百公里油耗为 10.0 升。通过三款车的油耗对比可以得知，大众途观的百公里油耗最高，其次为丰田 RAV4，而本田 CR-V 的百公里油耗最低。因此，消费者在油耗要素的选择上会最先偏好本田 CR-V，其次为丰田 RAV4 荣放，最后才是大众途观。

(3)从故障率上来看：汽车之家网站对网友上报的汽车故障进行了统计，得出每百辆车的汽车故障数参考值(以下简称为百车故障数)。本书以汽车之家的百车故障数为参考值，对三款汽车的故障率进行比较。百车故障数又分为新车百车故障数和 3～5 年百车故障数，其中新车百车故障数指购车后 2～12 月汽车发生的故障数量，3～5 年百车故障数指使用 3～5 年的汽车发生的故障数量。其中大众途观的新车百车故障数为 142 次，3～5 年百车故障数为 448 次；丰田 RAV4 荣放的新车百车故障数为 184 次，3～5 年百车故障数为

294 次；本田 CR-V 的新车百车故障数为 164 次，3～5 年百车故障数为 252 次。从新车百车故障数上来看，大众途观汽车要优于丰田 RAV4 荣放和本田 CR-V，但是在汽车后期的使用过程中，丰田 RAV4 荣放和本田 CR-V 的性能优越性就开始展现出来。因此，重视汽车长期使用过程中性能稳定的人群会偏重于本田 CR-V 和丰田 RAV4 荣放。

(4) 从口碑上来看：口碑的好坏往往会直接影响消费者对商品购买的意愿程度，消费者更倾向购买口碑相对好的产品。汽车的口碑往往由汽车故障易发率、油耗等多元素构成，这里我们使用的口碑概念为购车者在汽车驾驶后给出的汽车综合评分，数据来源于易车网。其中大众途观的口碑值为 4.15，丰田 RAV4 荣放的口碑值为 4.28，本田 CR-V 的口碑值为 4.35。从三款汽车的综合评分上可以看出，本田 CR-V 是最佳的选择，其次是丰田 RAV4 荣放，最后是大众途观。

综合以上四点汽车特性，可以得出在三款汽车中，本田 CR-V 要优于丰田 RAV4 荣放和大众途观，且丰田 RAV4 荣放要优于大众途观。这与本书实例应用研究中的结论一致，证明了本书搭建的消费者购买意向转移模型的有效性。通过对这三款车特性的比较也可以得知，购买该类型汽车的消费者更倾向于油耗小且后期易维护的汽车。因此在同类车型中，如大众途观应在这两个方面上加强自身车型性能。

虽然用传统方法可以从汽车销量的增减来评判营销手段的效果，但是却无法真正了解销量的增加是从哪些品牌吸引过来的，也无法了解销量的减少是流向了哪些品牌。特别地，销量只能判断一个品牌的总体营销结果，却无法判断与其他各个竞品之间的营销结果。而处于相对弱势地位品牌的产品，通过互联网的在线营销广告往往获得低的投资回报，因为它们的大部分潜在消费者会转向竞争对手。因此，将网络搜索指数引入消费者购买意向转移模型中，可以通过消费者在不同品牌之间搜索行为的转移来刻画消费者在不同品牌间购买意向的转移，帮助商家进一步了解自身品牌的相对地位，更合理地进行网络营销，以挽留或者吸引潜在用户。

8.4　本 章 小 结

本章将汽车行业作为研究对象对消费者购买意向转移模型进行了实证案例分析。通过本章的实证分析，既可以验证消费者购买意向转移模型搭建的有效性，又得出了汽车品牌间的消费者购买意向的转移方向。实证结果表明，通过引入网络搜索指数构建的消费者购买意向转移模型，可以识别出每两个品牌之间的潜在消费者转移方向。本章的研究既扩充了网络搜索指数的应用研究，也弥补了目前消费者购买意向在实际品牌之间转移方向的研究，为后续相关领域研究提供了新的思考方式与研究方法。

第 9 章　总结与展望

9.1　研究结论

做出及时、有效的市场预测，一直都是理论界和企业界关注的焦点问题。传统的对产品或服务等的市场预测，主要依赖于政府机构、年度报告、财务报告、社会调研等研究数据，由于这些数据的收集和发布一方面存在着明显的滞后性，另一方面也存在较大的收集难度和较高的成本，这不仅限制了预测的时效性，同时也限制了应用领域的有效扩展。所以，寻找更加有效的基础数据(如更新速度快、数据获取成本低、数据覆盖率高等)并加以合理处理与运用，将对市场预测有效性的提升产生极其重要的意义。

近年来，互联网的快速发展与普及不仅改变了人们的生活方式，也极大地改变了人们获取信息的渠道和习惯，使得基于消费者行为意图的数据在互联网上变得有迹可循。尤其是近年来相继推出的基于搜索引擎技术的网络搜索指数查询平台(如谷歌趋势、百度指数、360 指数等)，使得搜集海量用户的行为意图数据和将其用于市场预测的研究成为可能。自 2009 年以来，网络搜索数据所蕴含的研究价值逐渐引起学者的关注，以基于谷歌趋势数据源为主的相关研究逐渐增多，应用领域也不断扩展，并取得了一些具有重要意义的结论。然而，作为一种全新的市场预测研究方法，在诸如搜索关键词选择、搜索指数合成、预测模型构建等多个核心问题上仍未达成一致观点。此外，作为备受关注的互联网数据查询平台(谷歌趋势、百度指数等)，不同平台所提供的网络搜索指数信息均是基于各自的搜索引擎上记录的数据统计分析后得出的，单从网民的整体使用情况来说，在我国国内市场上，百度搜索引擎不仅在市场占有率而且在网民渗透率方面都要远高于谷歌搜索引擎。因此，基于网络搜索指数的市场预测研究，尤其是国内的网络搜索数据与市场需求预测之间的关系等问题，仍待进一步的研究与探讨。

基于此，本书以消费者购买行为理论为基础，并结合现有研究成果，首先构建网络搜索数据与消费者行为关联理论框架，然后搭建搜索关键词库并优化网络搜索指数合成方法，构建分析模型，并进一步以细分车型(大众帕萨特)汽车销量为例进行数据采集与实证研究，综合考察所构建预测模型的拟合效果与预测精度。之后，为更全面地分析本书所构建的市场预测模型及与现有类似研究的预测效果差异，并弥补现有研究对搜索指数数据源差异可能对研究结果造成影响的不足，本书分别进行了预测模型对比研究和搜索指数源差异探讨分析。最后建立了基于网络搜索指数的消费者购买意向转移模型，并以价格 20 万元左右的国产 SUV 汽车作为实例研究对象，对模型进行实例分析，研究发现品牌之间存在着非对称的消费者购买意向转移趋势。通过本书实例研究与对比分析可以得出如下结论。

(1) 本书基于网络搜索指数构建出的市场预测模型显示出了良好的模型拟合度与实际预测精度，具有很高的实践应用价值。本书所构建的市场预测模型对细分车型的汽车销量具有很强的预测效力；而且现有研究模型的效果对比也显示，比较对象所采用的预测模型 I.A 和模型 I.B 的模型拟合度与实际预测精度都低于本书所构建的预测模型。从整体上来看，本书所构建的产品销量市场预测模型不仅具有良好的模型拟合度，能够解释更多的销量变动信息，同时也具有更高的实际预测精度。特别地，实证分析结果进一步显示，如果在其他相关研究数据难以及时获取的情况下，仅利用网络搜索数据进行模型构建与预测的方法，也将是一个很好的替代解决方案，能为相关产品的市场预测提供更加及时、轻量化的分析与决策支持。

(2) 本书对网络搜索指数合成方法所做的改进被证明是简单有效的。在搜索指数构建方面，本书通过筛选的关键词，首先按与研究对象的相关系数分为正、负两类，然后基于主成分分析法分别进行搜索指数提取，筛选出对研究对象有显著影响的搜索指数主成分作为模型预测时的网络搜索指数合成变量。本书第 5 章的比较研究结果显示，这种搜索指数合成方法，相比类似研究中所采用的时差相关性合成和逐步合成的搜索数据处理方法效果更好，能够更有效地提取众多关键词搜索数据中对基准指标有解释价值的信息。

(3) 网络搜索数据与产品的市场需求之间存在显著的联系，搜索数据中包含了大量历史销量数据中没有的新信息，具有非常强的预测价值。分析结果表明，网络搜索关键词的搜索量与研究对象具有很强的相关关系，基于网络搜索数据合成的搜索指数变量在模型估计时系数均非常显著。此外，在对网络搜索数据所包含的信息与历史销量数据所包含的信息进行比较分析时发现，在仅含历史销量数据的模型中加入提取出的网络搜索数据时，模型的拟合度大幅提升，对销量变化的解释程度更高，而且加入搜索数据后的模型Ⅲ的前一期销量变量的系数相比模型Ⅱ则不再那么显著(模型Ⅲ，γ_1=−0.083，t=−0.682，p=0.503>0.1；模型Ⅱ，γ_1=0.247，t=1.894，p=0.071<0.1)，说明网络搜索数据虽与历史销量数据所包含的信息存在一定交叉，但同时包含了较多历史销量数据所没有的新信息，能够显著提高预测模型对未来产品销量波动的解释效力，并且网络搜索数据所包含的新信息对产品销量的近期波动反应更敏感，具有很强的预测价值。

(4)国内不同网络搜索指数平台所提供的网络搜索数据与产品的实际市场销量间均存在显著的相关关系，均具有较强的预测价值，但它们之间同时又存在较明显的差异性。因此，在利用网络搜索数据开展相关研究时，不应单纯地去考察搜索数据提供的预测能力，应该同时关注数据源差异可能对研究带来的系统干扰和误差，避免产生与实际情况不相符的结论。此外，还应充分关注这种搜索指数差异性的潜在价值，通过合理的数据整合，使得搜索指数数据的构建更全面，从而更加真实、准确地反映实际问题。

(5)本书搭建的基于网络搜索指数的消费者购买意向转移模型具有良好的模型拟合度，具有较高的应用价值。本书搭建的消费者购买意向转移模型虽然只引入了产品销量和相关搜索指数变量，但是通过透彻的分析本品与竞品之间的相互关系，具有一定的说服力。在第 4 章的汽车行业实证案例分析中，本书搭建的四个案例模型通过了协整检验和格兰杰因果检验，能够解释出各变量之间的因果关系，有较高的理论研究意义。

(6)通过实证案例分析，证明了品牌之间会存在非对称的购买意向转移。本书分别对大众途观、丰田 RAV4 荣放、本田 CR-V 和长安福特翼虎建立了消费者购买意向转移模型，并用实际数据进行了模型的估计。在模型拟合良好的基础上，验证了四个品牌之间的消费者意向转移方向，即在搜索过程中，消费者总体倾向于从大众途观转移到丰田 RAV4 荣放和本田 CR-V 上，且倾向于从丰田 RAV4 荣放转移到本田 CR-V。从而可以判别不同品牌的网络营销效果，其中弱势品牌通过网络广告和营销策略所获得的投资回报率相对较低，因为它们的潜在消费者会转向于竞争对手。通过将实际数据代入消费者购买意向转移模型中，可以发现不同品牌间的相对地位，有利于商家对自身品牌进行定位并判别潜在竞争对手，具有很强的实践应用价值。

9.2　研究局限与展望

随着网络搜索数据的价值被发现，利用网络搜索数据开展相关预测研究逐渐成为当前研究热点，该方法在一些领域的应用尝试也取得了一系列的进展，但在研究领域、内在关联机理、搜索关键词筛选、搜索数据处理、搜索指数合成与实际预测模型构建等方面仍未达成统一共识，还有很多问题仍待进一步研究与探讨。基于已有研究基础，本书着力于研究国内网络搜索数据所具有的市场预测价值，以及如何有效运用此类即时搜索数据去提高产品预测的精度与时效性。研究的不足与后续改进方向主要有以下三个方面。

首先，因为当前学术界对于利用网络搜索数据开展研究的核心环节的关键词筛选标准上尚未形式统一共识，所以，本书参考现有研究基础，结合选取的具体研究对象，进行了本书的关键词库体系构建。虽然最终的实证分析结果比较优良，但这种关键词库体系构建理论与方法对类似预测问题是否具有很强的普适性还并不非常确定，后续可以对此问题进行相关拓展研究。

其次，由于数据获取的问题，本书所采用的汽车销量数据是来源于第三方发布的统计数据，而并非汽车厂商的原始数据，这种数据统计口径的差异是否会对本书的研究结果造成一定影响，还需要做进一步的分析论证。

最后，本书虽然对国内不同搜索数据源的预测效果差异进行了初步探讨，但并未对这种差异产生的深层次原因进行非常详细的探究。在后续的研究中，可以基于对这种差异性的详细研究，探寻统一不同搜索指数平台提供的用户搜索行为数据，构建出一个更全面的搜索指数变量，并以此开展研究，使搜索指数反映的信息更全面，减少数据覆盖面不全而对实际分析结果造成的干扰，进一步提高分析模型的实际预测效力。

参 考 文 献

蔡宾，芮明杰. 2015. 基于改进差分进化算法和灰色模型的中国汽车销量预测研究[J]. 上海管理科学，(1)：14-20.

曹小琳，牟红. 2016. 基于网络搜索的商品房成交量预测研究[J]. 建筑经济，(2)：73-77.

陈默，尹世久，徐迎军. 2015. 消费者自述偏好与现实选择比较研究——以有机牛奶为例[J]. 统计与信息论坛，30(1)：100-105.

陈欢. 2008. 灰色理论在汽车销售预测和投资决策中的应用研究[D]. 合肥：合肥工业大学硕士学位论文.

董倩，孙娜娜，李伟. 2014. 基于网络搜索数据的房地产价格预测[J]. 统计研究，31(10)：81-88.

高铁梅. 2009. 计量经济分析方法与建模：EViews 应用及实例[M]. 2 版. 北京：清华大学出版社：179，465-470.

宫剑，李洁玲. 2014. 基于神经网络的药品需求组合预测研究与应用[J]. 中国管理信息化，(8)：84-88.

郭顺生，王磊，黄琨. 2013. 基于时间序列模型预测汽车销量研究[J]. 机械工程师，(5)：8-10.

洪涛，厉伟. 2015. 基于网络搜索数据的住房价格预期与实际价格波动分析[J]. 统计与信息论坛，30(11)：49-53.

黄先开，张丽峰，丁于思. 2013. 百度指数与旅游景区游客量的关系及预测研究——以北京故宫为例[J]. 旅游学刊，28(11)：93-100.

李方一，肖夕林，刘思佳. 2016. 基于网络搜索数据的区域经济预警研究[J]. 华东经济管理，30(8)：60-66.

李莉. 2014. 基于灰色马尔科夫链的小排量汽车销量预测研究[J]. 计算机光盘软件与应用，(5)：123-125.

李霞. 2012. 基于 BP 神经网络的销售预测研究[D]. 上海：上海交通大学硕士学位论文.

李响，宗群，童玲. 2006. 汽车销售混合预测方法研究[J]. 天津大学学报(社会科学版)，8(3)：175-178.

李秀婷，刘凡，董纪昌，等. 2013. 基于互联网搜索数据的中国流感监测[J]. 系统工程理论与实践，33(12)：3028-3034.

刘晶，和述群，朱清香，等. 2017. 基于深度学习的线上农产品销量预测模型研究[J]. 计算机应用研究，34(8)：2291-2293.

刘宽斌，张涛. 2018. 利用网络搜索大数据实现对 CPI 的短期预报及拐点预测——基于混频抽样数据模型的实证研究[J]. 当代财经，408(11)：5-17.

刘伟江，李映桥. 2017. 网络消费者信心指数和经济增长的动态相关性研究[J]. 财贸研究，28(5)：1-10.

刘颖，吕本富，彭赓. 2011. 网络搜索对股票市场的预测能力：理论分析与实证检验[J]. 经济管理，(1)：172-180.

刘志明. 2014. 使用微博数据进行预测的研究综述[J]. 科技管理研究，(13)：165-169.

门峰，王今. 2011. 中国汽车产业发展趋势预测[J]. 汽车工业研究，(2)：2-5.

倪冬梅，赵秋红，李海滨. 2013. 需求预测综合模型及其与库存决策的集成研究[J]. 管理科学学报，16(9)：44-52.

彭赓，苏亚军，李娜. 2013. 失业率预测研究——基于网络搜索数据及改进的逐步回归模型[J]. 现代管理科学，(12)：40-43.

邱一豪. 2019. 时态神经网络在股票分类预测的应用[D]. 杭州: 浙江工业大学硕士学位论文.
任乐, 崔东佳. 2014. 基于网络搜索数据的国内旅游客流量预测研究——以北京市国内旅游客流量为例[J]. 经济问题探索, (4): 67-73.
孙鲁平, 苏萌. 2015. 汽车市场消费者自述偏好和实际偏好不一致研究——消费者知识视角[J]. 经济管理, 37(1): 83-92.
孙毅, 吕本富, 陈航, 等. 2014. 基于网络搜索行为的消费者信心指数构建及应用研究[J]. 管理评论, 26(10): 117-125.
孙毅, 吕本富. 2011. 网络搜索与经济行为相关性研究综述[J]. 管理评论, 23(7): 72-77.
王博永, 杨欣. 2014. 基于网络搜索的房地产政策调控效果研究[J]. 管理评论, 26(9): 78-88.
王惠东. 2010. SUV 汽车消费行为实证研究[D]. 天津: 天津大学硕士学位论文.
王耀君, 高扬, 王耀青. 2018. 基于网络搜索指数的股票市场微观结构特征[J]. 北京理工大学学报(社会科学版), 20(5): 54-62.
王莉. 2009. 国际金融危机对汽车行业的影响及应对策略[J]. 中国经贸导刊, (11): 23-24.
王炼. 2014. 网络环境下基于消费者搜索的市场预测研究[D]. 成都: 西南交通大学博士学位论文.
王炼, 宁一鉴, 贾建民. 2015. 基于网络搜索的销量与市场份额预测: 来自中国汽车市场的证据[J]. 管理工程学报, 29(4): 56-64.
王守中, 崔东佳, 彭赓. 2013. 基于 Web 搜索数据的宝马汽车销量预测研究[J]. 经济师, (12): 22-24.
王曙. 2013. 基于百度指数的投资者关注度与股票指数表现的相关性研究[D]. 南京: 南京大学硕士学位论文.
王勇, 董恒新. 2017. 大数据背景下中国季度失业率的预测研究——基于网络搜索数据的分析[J]. 系统科学与数学, 37(2): 460-472.
汪玉秀, 顾巧祥, 邢超, 等. 2015. 马尔可夫过程的 4S 店汽车销售量预测[J]. 中国计量学院学报, 26(4): 501-508.
徐欢. 2018. 需求预测与库存决策的集成研究[J]. 上海管理科学, 40(4): 102-106.
叶提芳. 2018. 基于网络搜索数据的湖北省社会消费品零售总额的预测研究[J]. 湖北经济学院学报, 16(6): 71-78.
喻予. 2018. 网络搜索可预测房地产[J]. 新经济导刊, 264(5): 28-32.
袁庆玉, 彭赓, 刘颖, 等. 2011. 基于网络关键词搜索数据的汽车销量预测研究[J]. 管理学家(学术版), (1): 12-24.
张斌儒, 王浩, 张超锋, 等. 2016. 基于网络搜索数据的旅游需求预测研究进展[J]. 四川文理学院学报, 26(2): 41-44.
张崇, 吕本富, 彭赓, 等. 2012. 网络搜索数据与 CPI 的相关性研究[J]. 管理科学学报, 15(7): 50-59.
张结魁. 2010. 消费者网络信息搜寻行为研究[D]. 合肥: 合肥工业大学博士学位论文.
张玲玲, 张笑, 崔怡雯. 2018. 基于聚类方法的百度搜索指数关键词优化及客流量预测研究[J]. 管理评论, 30(8): 126-137.
张谊浩, 董倩, 孙娜娜, 等. 2014. 基于网络搜索数据的房地产价格预测[J]. 统计研究, 31(10): 81-88.
赵一安. 2018. 基于机器学习 Xgboost 模型解决商店商品销量预测的问题[J]. 通讯世界, 342(11): 256-258.
赵颖. 2014. 基于回归分析的我国汽车销量预测模型研究[D]. 武汉: 华中师范大学硕士学位论文.
左晨晓, 孔琪. 2016. 基于百度搜索量数据的消费者信心指数相关性研究[J]. 商场现代化, (16): 27-28.
Amuri F, Marcucci J. 2009. “Google It!” Forecasting the US unemployment rate with a Google job search index[J]. Mpra Paper, 31: 3-57.

Askitas N, Zimmermann K F. 2009. Google econometrics and unemployment forecasting[J]. Applied Economics Quarterly, 55(2): 107-120.

Barreira N, Godinho P, Melo P. 2013. Nowcasting unemployment rate and new car sales in south-western Europe with Google Trends[J]. Netnomics: Economic Research and Electronic Networking, 14(3): 129-165.

Bettman J R, Luce M F, Payne J W. 1998. Constructive consumer choice processes[J]. Journal of Consumer Research, 25(3): 187-217.

Carrière-Swallow Y, Labbé F. 2013. Nowcasting with Google Trends in an emerging market[J]. Journal of Forecasting, 32(4): 289-298.

Choi H, Varian H. 2012. Predicting the present with Google Trends[J]. Economic Record, 88(1): 2-9.

D' Amuri F, Marcucci J. 2009. "Google it!" Forecasting the US unemployment rate with a Google job search index[J]. MPRA Paper: 1-58.

Du R Y, Kamakura W A. 2012. Quantitative trendspotting[J]. Journal of Marketing Research, 49(8): 514-536.

Engle R F, Granger C W J. 1987. Cointegration and error correction: representation, estimation and testing[J]. Econometrica, (55): 251-276.

Ginsberg J, Mohebbi M H, Patel R S, et al. 2009. Detecting influenza epidemics using search engine query data[J]. Nature, 457(7232): 1012-1014.

Guzman G. 2011. Internet search behavior as an economic forecasting tool: the case of inflation expectations[J]. Journal of Economic & Social Measurement, 36(3): 4187-4199.

Hulth A, Rydevik G, Linde A. 2009. Web queries as a source for syndromic surveillance[J]. Plos One, 4(2): 4378-4388.

Hyndman R J, Koehler A B. 2006. Another look at measures of forecast accuracy[J]. International Journal of Forecasting, 22(4): 679-688.

Johnson E J, Moe W W, Fader P S, et al. 2004. On the depth and dynamics of online search behavior[J]. Management Science, 50(3): 299-308.

Johnson H A, Wagner M M, Hogan W R, et al. 2004. Analysis of web access logs for surveillance of influenza[J]. Studies in Health Technology & Informatics, 107(2): 1202-1206.

Klein L R. 1998. Evaluating the potential of interactive media through a new lens: search versus experience goods[J]. Journal of Business Research, 41(3): 195-203.

Klein L R, Ford G T. 2010. Consumer search for information in the digital age: an empirical study of prepurchase search for automobiles[J]. Journal of interactive Marketing, 17(3): 29-49.

Kholodilin K A, Podstawski M, Siliverstovs B, et al. 2009. Google Searches as a Means of Improving the Nowcasts of Key Macroeconomic Variables[M]. Social Science Electronic Publishing, 946: 1-16.

Kristoufek L. 2013. Can Google Trends search queries contribute to risk diversification?[J]. Scientific reports, 3(3): 2713.

Kulkarni G, Kannan P K, Moe W. 2012. Using online search data to forecast new product sales[J]. Decision Support Systems, 52(3): 604-611.

Moe W W, Fader P S. 2004. Dynamic conversion behavior at e-commerce sites[J]. Management Science, 50(3): 326-355.

Penna N D, Huang H F. 2009. Constructing consumer sentiment index for US using internet search patterns[J]. Department of Economics, 11: 2009-2026.

Ripberger J T. 2010. Capturing curiosity: using internet search trend to measure public attentiveness[J]. Policy Studies Journal, 39(2): 239-259.

Seebach C, Pahlke I, Beck R. 2011. Tracking the digital footprints of customers: how firms can improve their sensing abilities to achieve business agility[C]. Helsinki: European Conference on Information Systems, 1-13.

Seifter A, Schwarzwalder A, Geis K, et al. 2010. The utility of "Google Trends" for epidemiological research: Lyme disease as an example[J]. Geospatial Health, 4(2): 135-137.

Simon H A. 1984. On the behavioral and rational foundations of economic dynamics[J]. Journal of Economic Behavior and Organizations, 5(1): 35-55.

Teo T S H, Yeong Y D. 2003. Assessing the consumer decision process in the digital marketplace[J]. Omega, 31(5): 349-363.

Tierney H L R, Pan B. 2012. A poisson regression examination of the relationship between website traffic and search engine queries[J]. Netnomics: Economic Research and Electronic Networking, 13(3): 155-189.

Vosen S, Schmidt T. 2009. Forecasting private consumption: survey-based indicators vs. Google Trends[J]. Journal of Forecasting, 30(6): 565-578.

Wang X, Saberi A, Stoorvogel A A, et al. 2013. Consensus in the network with uniform constant communication delay[J]. Automatica, 49(8): 2461-2467.

Wilson T D. 2000. Human information behavior[J]. Informing Science, 3(2): 49-56.

Wu L, Brynjolfsson E. 2009. The Future of Prediction: How Google Searches Foreshadow housing prices and quantities[C]. 2009 Proceedings of the International Conference on Information Systems, 15-18.

Wu L, Brynjolfsson E. 2015. The Future of Prediction: How Google Searches Foreshadow Housing Prices and Sales[J]. Economic Analysis of the Digital Economy, (4): 89-118.

Zhi D A, Engelberg J, Gao P. 2011. In Search of Attention[J]. Journal of Finance, 66(5): 1461-1499.

Zhi D, Engelberg J, Gao P. 2015. Editor's choice the sum of all fears investor sentiment and asset prices[J]. Social Science Electronic Publishing, 28(10): 1-32.

附录　360 指数数据采集系统搭建

1. 数据采集

1)什么是数据抓取

互联网的迅速发展伴随着网络信息的激增，产生了我们不能忽视的“信息爆炸”问题——信息极其丰富而知识难以查询。Web 数据抓取(Web scraping)是指从网站上提取信息的一种计算机软件技术。Web 数据抓取的最终目的是将非结构化的信息从大量的网页中抽取出来，并以结构化的方式存储(CSV、JSON、XML、ACCESS、SQLITE、MSSQL、MySQL 等)。指数采集系统的目的就是从 360 搜索指数的服务器上采集数据。

2)指数采集的意义

计算机技术及网络技术的发展给人们的生活带来了方便，越来越多的知识呈现在网络上，人们可以在网络中获取各种信息，这种网络的便捷性给人们带来了信息共享和便捷。一些大型的搜索引擎公司对于大型的数据分析已经有了很成熟的解决方案，并且已经投入使用，但是这些大型搜索引擎公司只给用户提供一种普通的、无法定制的指数显示服务，这种服务无法完全覆盖所有用户的需求，而本系统的意义也就凸显出来。目前，我国对于类似数据的运用还不充分，一个重要的原因就是这些数据往往以趋势图的形式呈现，导致相关预测研究无法直接高效利用这些数据。本系统就是为了解决这个问题，将需要的数据采集到本地，然后由用户将数据展现为其需要的形式，可以是各种类型的图标，可以是各种类型的曲线，也可以是各种类型的统计分析。

2. 系统相关技术简介

1)HTTP 协议

a.HTTP 协议简介

超文本传输协议(hyper text transfer protocol，HTTP)是如今互联网上最为广

泛使用的一种网络协议。所有的 WWW 文档都必须遵循这一标准。在互联网诞生初期，HTTP 协议主要被设计用于分布式超媒体信息资源的定位和获取上。

b. HTTP 协议工作原理

HTTP 协议的工作主要可分为以下四步。第一，如果客户要建立到服务器的连接，只要用户点击超级链接，HTTP 协议便开始工作。第二，在连接被建立后，客户端首先向远程服务器发送请求，请求包的格式为：统一资源标识符(URL)、版本号、MIME 的信息，其中主要包括信息请求修饰符、客户信息、客户端内容。第三，当远程服务器接收到客户请求时，需要将相应的响应消息返回给客户端，其主要格式是一个状态行，状态行包括版本号、返回代码和最后的 MIME 信息，其中 MIME 信息包括远程服务器信息，实体信息和可能的内容。第四，客户端接收由远程服务器返回的响应信息，客户机的浏览器将返回响应信息并在用户的屏幕上显示，然后断开远程服务器的连接。

2) JSON 格式

a. JSON 简介

JSON(JavaScript object notation) 是一种轻量级的数据交换格式(Simon，1984)。JSON 是一种用于存储和交换文本信息的语法，类似于 XML，由于 XML 显示需要经过 DOM 树的解析，对于大文件来说几乎不可能使用，所以人们开始寻求 XML 的替代品(Wilson，2000)。JSON 具有自我表述性，因此更容易被理解，非常容易被人阅读，同时也容易被人所编写，最重要的是有利于计算机的快速解析和生成。

b. JSON 的特点

简单地概括，JSON 语法是 JavaScript 语法的子集，JSON 只有以下两种结构。

(1) 对象：对象在 JSON 中以“{”开始，以“}”结束，每个 key 后面跟一个“:”，之后是 value，并且每个键值对之间使用“,”逗号分隔开来。

(2) 数组：数组在 JSON 中以“[”开始，以“]”结束。

3) CSV 格式

a. CSV 简介

逗号分隔值(comma-separated values，CSV)，有时也被称为字符分隔值，因为分隔字符也可以不是逗号，其文件以纯文本形式存储表格数据。纯文本表示 CSV 文件是一个仅有字符序列组成的文件。它可以由任意多的记录组成，记录与记录之间使用换行符进行分隔。它的每条记录都是由字段所组成的，字段之间的分隔符一般是逗号或者是制表符，但也可以是其他字符或者字符串。

b. CSV 的特点

CSV 是一种纯文本的格式，相对其他格式来讲是比较简单的文件格式，不需要专用的软件去阅读，方便在程序与程序之间转移表格数据，CSV 在程序中有着非常好的支持性。此外，CSV 在 Windows 平台上可以使用微软 Office 的 Excel 程序直接查看，其表现形式与 Excel 产生的文件非常相似，其方便用户阅读的同时，也方便制作各种图表。

4) MySQL 数据库

a. MySQL 简介

MySQL 是一种关系型数据库系统，是世界上第二个最广泛使用的关系型数据库管理系统和最广泛使用的开源关系数据库。MySQL 的开发项目已经根据 GNU 通用公共许可证条款提供了其源代码，由瑞典 MySQL AB 公司开发，现在由 Oracle 公司赞助。MySQL 也被用在许多高知名度的大型网站上，包括谷歌、脸书(Facebook)、推特(Twitter)、雅虎网络相册(Flickr)及优兔(YouTube)。

b. MySQL 的特点

MySQL 是著名的开放源代码的程序，所以我们可以免费使用它，而不需要支付额外的费用。MySQL 支持标准的 SQL 语言。MySQL 是跨平台的，在 Windows、Linux、Unix、BSD 及其他专用系统上都可以使用。MySQL 支持超大型的数据库，性能优良。MySQL 提供了多种开发语言的对应接口，如 C、C++、Python、Perl、Php。

5) Win32 对话框编程

a. Win32 简介

Win32 API 是 Windows 操作系统编写之时预先留出来供开发人员使用的一套接口，一般使用 C 或者 C++调用，Win32 汇编语言也可以直接调用。在本系统中直接使用 C++来调用对应的 API 创建对话框 Dialog 以显示程序的主界面。

b. Win32 对话框工作原理

Win32 对话框工作原理如附图 1 所示。

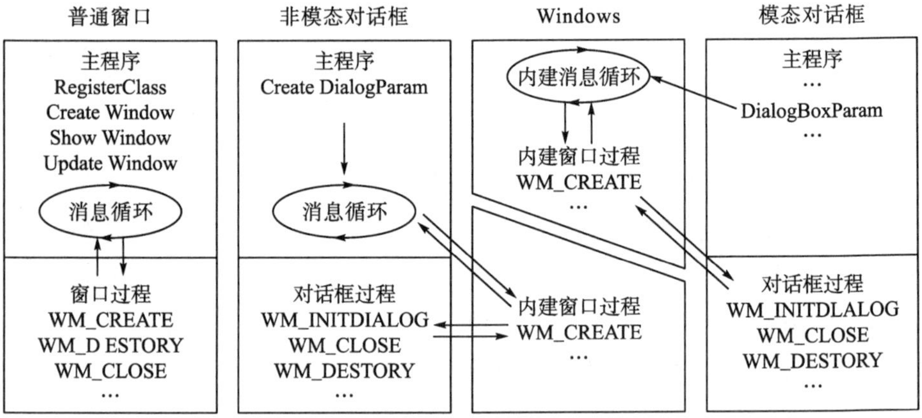

附图 1　窗口的消息机制原理

在 Windows 主程序中调用 DialogBoxParam 函数，生成对话框同时注册对话框的消息处理函数，在对话框产生到结束的过程中会有 WM_INITDIALOG、WM_CLOSE 等各种消息。我们只需要在对应的消息处理中加入我们自己需要的代码，那么对话框就可以按照我们的要求去工作。

3. 系统需求分析

1) 系统目标

360 指数为市场需求预测和市场相关研究提供了新途径，但目前我国对类似数据的运用还不充分，一个重要的原因就是这些数据往往以趋势图的形式呈现，导致相关预测研究无法直接高效利用这些数据。基于这样的需求，采集系统应运而生，其完成指数信息数据的采集并实现数据的存储，为后面的数据分析打下基础。

2) 功能分析

开发软件首先应该做的是对需求的分析，开发过程中最主要的也是系统的需求分析，系统需求分析也是软件在生存周期中非常关键的一步。软件需求分析是需求工程中的重要部分，也是软件开发中分析和设计的基础。从某种角度来说，软件开发的本质就是要实现“高层概念”到“底层概念”的映射。结合数据分析需求和实际的具体分析，要求本系统具有以下功能。

(1) 采集全国关键词指数，根据用户输入的查询关键词，系统向 360 搜索的服务器发送关键词查询的请求，系统解析服务器返回的结果。

(2) 采集各个地区关键词指数，根据用户输入的查询关键词，系统向 360 搜索的服务器发送某个地域的关键词查询的请求，系统解析服务器返回的结果。

(3) 采集结果存储到 MySQL 或者存储为 CSV/JSON 格式的文件中，服务器返回结果后，根据存储为用户预先设置的格式，可以是 MySQL、JSON 文件、CSV 文件。

3) 数据库需求分析

创建数据库前，首先需要详细地规划数据库，要根据系统需求设计出灵活的、可扩展的、逻辑清晰的数据库数据模型。

a.数据库对象

360 指数采集系统主要涉及的对象是查询关键词、日期、关键词指数。该采集系统的数据库对象主要分为采集系统专用数据库、查询关键词数据表。

该系统的数据库表设计如附表 1 所示。

附表 1　系统数据库对象表

名称	类型	说明
360 指数	数据仓库	采集的所有数据都会存储到该数据库中
以查询关键词命名的表	基本表	存储查询关键词的指数基本信息

b.数据库表设计

360 指数采集系统由于需要采集用户输入关键词的相关信息，所以查询每个关键词都会产生一张表，但是表与表之间没有相互联系，这些表有共同的信息，分别是日期、关键词的指数。所以每张表都如附表 2 所示。

附表 2　关键词详细字段表

字段名	字段类型	字段大小	字段含义
date	varchar	20	日期
data	varchar	20	查询关键词的指数

4. 采集系统模块设计

1) 系统结构分析

目前，企业软件常用的两种模式是 B/S 模式和 C/S 模式。其中 B/S 模式就是浏览器与服务器模式，其优点在于其系统稳定、可扩展性强、成本较低；C/S 软件体系机构，即 Client/Server(客户机/服务器)结构，其优点在于其有比较强的数据操纵和事务处理的能力、数据的完全性和完整性约束等。根据该采集系统的特点(主要是对 360 指数进行采集，向 360 搜索服务器获取数据并处理)，以及对 C/S 模式和 B/S 模式的各自成分进行分析，采取 C/S 模式更加适合。数据采集系统的工作方式如附图 2 所示。

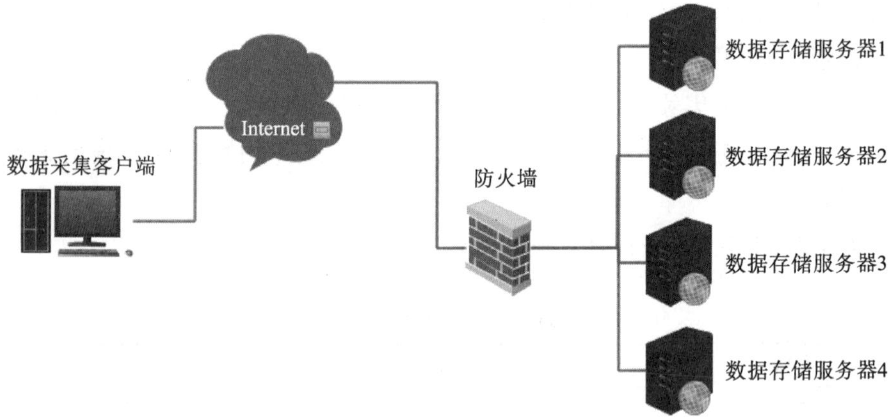

附图 2　数据采集的工作方式

本系统的结构模块包含 GUI 模块、命令解析模块、网络模块、数据分析模块、数据存储模块，每个模块之下又包含具体的一个或者多个功能。详细的系统模块功能图如附图 3 所示。

2) 系统模块分析

a.系统模块设计

系统模块主要包含 GUI 模块、命令解析模块、网络模块、数据分析模块、数据存储模块。

系统的具体模块及其具体功能设计如附表 3 所示。

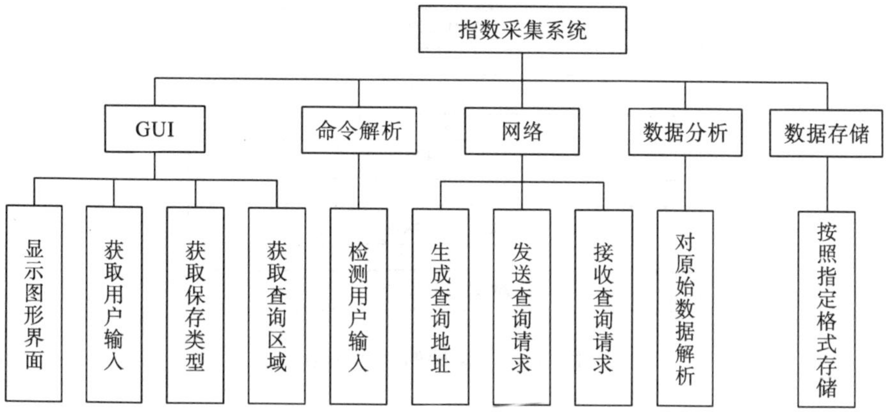

附图 3　系统模块功能图

附表 3　系统模块设计表

模块名称	输入项	输出项	执行方式	功能描述
GUI 模块	查询关键词，查询地域，保存格式	程序执行状态	前台执行	图形化界面，为用户提供查询地域以及保存格式的选项，需要用户手动输入要查询的关键词
命令解析模块	查询关键词	解析之后的参数	后台执行	对用户输入的信息进行判断，检测是否有非法输入，检测项包含地区、保存类型等
网络模块	查询关键词	采集到的原始数据	后台执行	对查询关键词进行服务器查询，返回得到原始的数据信息
数据分析模块	原始数据	分析后的数据	后台执行	将服务器返回的原始信息进行分析与处理，形成最终用户关心的信息
数据存储模块	采集分析后的最终数据	输出为用户指定的存储格式	后台执行	将分析模块处理好的最终数据保存为指定格式，指定格式可以为 CSV、JSON 或者是 MySQL

b. 模块间的交互

该系统采用的是简单的过程式结构，每个模块的输入都是由上一模块提供。模块之间交互流程如附图 4 所示。

(1)GUI 模块主要提供用户界面，方便用户输入与选择，用户输入完毕后，GUI 模块将用户输入的查询关键词、区域、保存类型作为参数传递给命令解析模块。

附图 4　模块间的交互流程

(2) 命令解析模块检测用户输入的参数，如区域、保存类型等是否合法。非法的话就终止本次查询；合法的话会将用户的原始参数进行组织，形成查询的格式，解析过后的数据作为参数传递给网络模块。

(3) 网络模块对命令解析模块传递的参数进行组织，形成查询 URL，然后向服务器请求要查询的内容，同时等待服务器返回的原始查询数据，接收到服务器返回的信息后将其作为参数传递给数据分析模块。

(4) 数据分析模块对原始查询数据进行分析筛选，由于原始数据中有很多数据是我们不关心的，所以对这一部分无关的数据进行清除，形成我们最终的数据，同时通知数据存储模块。

(5) 数据存储模块将数据分析模块分析后的有效数据按照指定的格式进行组织，形成指定格式的文件，如 CSV 或者 JSON 或者存储到 MySQL 中。

5. 开发环境的搭建

1) VS 开发环境的搭建

本系统中使用的开发环境是 VS 2012[①]，可以到官方网站下载 32 位 VS 2012 程序。下载完毕后解压安装即可，安装过程较为简单，在此不再详述。

2) Python 开发环境的搭建

Python 作为脚本语言，有强大的网络编程功能。

可以去 Python 官网下载 Python 2.7 的 Windows 安装包。安装过程较为简单，在此不再详细描述。

① VS 2012 是 Visual Studio 2012 的简称。

由于会使用到MySQL数据库，所以我们需要安装Python的MySQL支持库MySQLdb，在MySQLdb的官方主页下载MySQLdb库。下载完成之后进行安装，唯一需要注意的是，其安装路径必须在上一步Python的安装路径下，一般会自动查找。

由于会使用到图形界面及某些Windows API，所以需要下载PyWin32的Python支持库，到PyWin32的官方主页下载PyWin32库，下载最新版本即可，需要注意的是：PyWin32库的版本与之前安装的Python版本要相对应。安装过程也较为简单，在此不再详细描述。

3)MySQL开发环境的搭建

在MySQL官网上下载MySQL 5.6，其安装较为简单，但需要注意的是：在数据采集系统中默认填写的端口为3306，如果修改了此处的端口，采集系统无法连接MySQL，必须手动修改程序源代码中的port为实际填写的端口。要想更改访问MySQL使用的端口，直接在文本输入框中输入新的端口号即可，但要保证新的端口号没有被占用。

在安装过程中输入root密码的时候需要注意，数据采集系统中MySQL的用户名和密码默认填写的是“root”和“root”，如果密码不为“root”，那么在安装完成后，数据采集系统无法连接MySQL，必须将程序源代码中的user和password变量改为实际配置的用户名和密码。

6. 采集系统详细设计

1)GUI模块详细设计

GUI模块是该系统的启动界面，也是系统的主界面，由标准Win32对话框构成，其中添加了【查询关键词】【保存类型】【查询区域】【采集状态】四个主要部分。

该部分主要采用Win32 API编写而成，主要原理是创建Dialog对话框并注册Dialog对话框的回调函数。

Dialog对话框的回调函数在对话框中有消息产生时便会被调用，所以GUI核心的内容都在这个回调函数中，回调函数主要定义了对附表1中几个消息的处理，各个消息的含义如附表4所示。

附表 4　GUI 中各个消息具体含义

消息 ID 名称	消息含义	消息处理函数	功能描述
IDB_START	点击界面的 Start 按钮后会激发此消息	StartPython	执行 Python 的脚本程序
IDB_ABOUT	点解界面的 About 按钮后会激发此消息	MessageBoxW	设置制作人、版本等信息
IDE_WORD	在启动界面中的关键词文本框中输入文字会激发此消息	GetDlgItemText EnableWindow	获取用户在文本框中输入的内容，并且设置 Start 按钮为可用状态
IDE_REGION	在界面的区域下拉框中选择某个区域时会激发此消息	GetDlgItemText	获取用户在下拉框中选择到的区域
IDC_CSV	在界面的保存类型的单选框中选择 CSV 类型会激发此消息	g_save_type = 1	CSV 类型使用 1 来代替，最后作为保存类型传递给 Python 程序
IDC_JSON	在界面的保存类型的单选框中选择 JSON 类型会激发此消息	g_save_type = 2	CSV 类型使用 2 来代替，最后作为保存类型传递给 Python 程序
IDC_MySQL	在界面的保存类型的单选框中选择 MySQL 类型会激发此消息	g_save_type = 3	CSV 类型使用 3 来代替，最后作为保存类型传递给 Python 程序
WM_INITDIA LOG	程序界面创建并激发此消息，主要用于一些初始化操作	LoadIcon SendMessage GetDlgItem Add String To Combo Box Check Dlg Button EnableWindow SetDlgItemTextW SetFocus	加载图标 设置程序标题 获取程序中各个控件的句柄 添加对应的区域到区域下拉框中 将保存类型默认设置为 CSV 设置 Start 按钮为灰色不可用状态 设置焦点
WM_CLOSE	当点击程序的关闭按钮时激发此消息	EndDialog	关闭对话框

GUI 界面的核心消息回调函数为 DlgMainProc，这个函数对每个消息的具体处理进行了定义，核心代码如附图 5 所示。

```
INT_PTR CALLBACK DlgMainProc(HWND hWnd, UINT uMsg,
    WPARAM wParam, LPARAM lParam)
{
    switch (uMsg)
    {
        case WM_COMMAND:
        {
            int ID = LOWORD(wParam);
            switch(ID)
            {
                case IDB_START:
   ...
                case IDB_ABOUT:
   ...
                case IDE_WORD:
   ...
                case IDC_CSV:
   ...
                case IDC_JSON:
   ...
                case IDC_MySQL:
   ...
            }
        }
        break;
        case WM_INITDIALOG:
  ...
        case WM_CLOSE:
  ...
        default:
        return FALSE;
    }
    return TRUE;
}
```

附图 5 DlgMainProc 消息处理函数

GUI 界面中启动 Python 的核心代码，主要功能是将用户在 GUI 界面中填充的参数传递给 Python 脚本并且启动 Python 脚本程序，如附图 6 所示。

```
void StartPython()
{
    ....
    GetDlgItemTextW(g_hWinMain, IDE_WORD, QueryWord, 100);
    GetDlgItemTextW(g_hWinMain, IDE_REGION, ChineseRegion, 20);
    if (g_save_type == 1) {
        wcscat(SaveType, L"CSV");
    } else if (g_save_type == 2){
        wcscat(SaveType, L"JSON");
    } else if (g_save_type == 3){
        wcscat(SaveType, L"MySQL");
    }
    int len = wcslen(QueryWord);
    wcscat(QueryWord, L" ");
    wcscat(ChineseRegion, L" ");
    ...
    WCHAR path[200] = { 0 };
    GetCurrentDirectoryW(200, path);
    wcscat(path, L"\\main.py");
    #填充 SHELLEXECUTEINFO 结构体
    SHELLEXECUTEINFO ShExeInfo = { 0 };
    ShExeInfo.lpVerb = L"open";
    ShExeInfo.lpFile = path;
    ShExeInfo.lpParameters= command;
    ...
    ShellExecuteEx(&ShExeInfo);
    WaitForSingleObject(ShExeInfo.hProcess, INFINITE);
    SetDlgItemText(g_hWinMain, IDC_STATUS, L"采集完毕....");
    EnableWindow(h_IDBSTART, TRUE);
}
```

附图 6　Python 启动的核心代码

2) 命令解析模块

本模块的主要功能是执行参数检测和编码转换，检测参数是否合法，检测的内容主要是查询区域与保存类型两个参数。

检测流程如附图 7 所示。

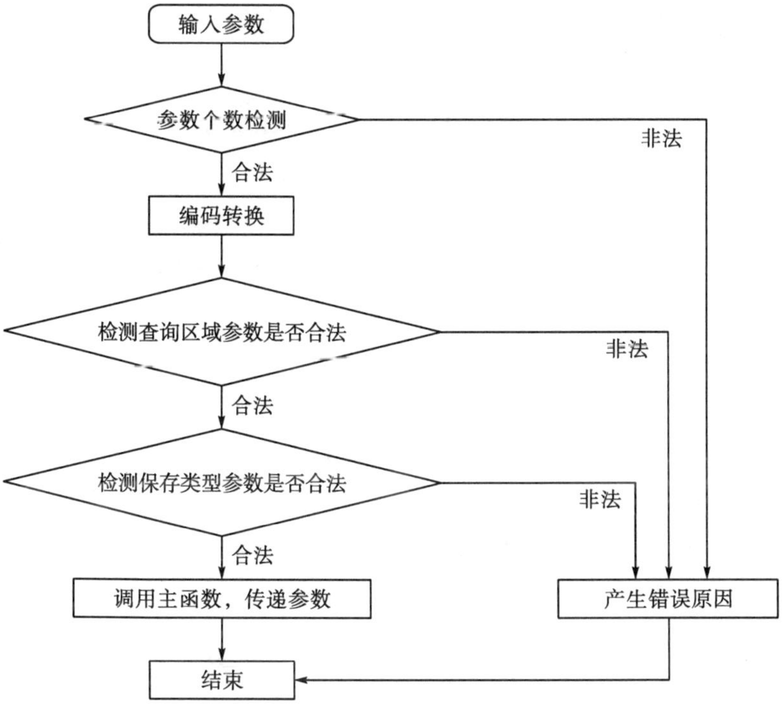

附图 7　命令解析模块参数检测流程

命令解析模块的主要作用是检测用户输入参数的有效性。例如，如果查询区域中写入的是非中国的省区市，则会报错提示查询区域非法。命令解析模块的代码如附图 8 所示。

3) 网络模块

a. URL 编码

网络模块的主要作用是处理与网络相关的内容，其主要分为两部分：编码与资源定位。

```
#命令解析模块
def get_command_line():
    command_line_count = len(sys.argv) #获取参数个数
    #如果参数个数不为 4，则表述输入参数过少，提示使用方法
    if command_line_count != 4:
        usage_information(sys.argv[0])
        return
    ...
    #检测区域参数是否为中国的省区市城市，如果不是则程序出错退出
    if -1 == check_region_illegality(chinese_region):
        ...
    #检测保存类型是否是 CSV，JSON，MySQL 之中的一个，不是表示输入错误
    if -1 == check_type_illegality(save_type):
        ...
    #主函数
    ret = main(query_word, chinese_region, save_type)
return ret;
def check_region_illegality(chinese_region):
    #全国的省份定义如下
    ...
    #如果输入的省份不是以上的，则表示参数错误
    for region in chinese_region_array:
        if chinese_region == region:
            return 0
        continue
    return -1


def check_type_illegality(save_type):
    if upper(save_type) != 'JSON' and upper(save_type) != 'CSV' and
upper(save_type) != 'MySQL':
        return -1;
```

附图 8　命令解析模块代码

在 360 指数查询的 Web 页面 URL 中，使用 UTF-8 字符编码的 URL 编码，就是以 UTF-8 格式的文字作为输入，输出的是 URL 编码后的地址，但是 Windows 中输入的默认为 GBK 编码的字符，使用的 GBK 格式编码字符作为 Python 脚本的参数传递给 Python 程序，如果直接使用的话，无法得到查询数据的正确地址。所以 Python 程序中必须要对字符进行重新编码，将 GBK 格式的编码转换为 UTF-8 格式。需要转换的字符包括附表 5 中的几个参数。

附表 5 需要编码转换的参数

参数名	参数含义	注释
query_word	用户输入的关键词	可以是中文字符，也可以是英文字符，如果是英文字符的话可以不转换，但是为了方便，在这里无论中文还是英文字符都统一转换一下
chinese_region	区域下拉框中的区域	这个参数都是中文，所以必须要对其进行编码转换
save_type	指定需要保存的类型	该参数都是英文字符，所以可以不转换，但是为了将来的扩展性考虑，还是加上了编码转换功能

参数转换部分主要是先将 GBK 格式的编码转换为 UNICODE 格式编码作为中转，然后将 UNICODE 格式编码转换为 UTF-8 的编码，代码如附图 9 所示。

```
def encoding(string):
#Python 中编码转换必须先将对应的编码转换为 UNICODE 编码
string = string.decode('gbk'); #将 GBK 编码转换为 UNICODE 编码
string = string.encode('utf-8'); #将 UNICODE 编码转换为 UTF-8 编码
return string;
```

附图 9 编码转换代码

将对应的参数转换为 UTF-8 编码后还要执行 URL 编码，URL 编码的规则在之前已经介绍过，其核心使用的是 urllib 库的 quote 函数，使用 quote 函数返回的便是经过 URL 编码后的字符串。核心代码如附图 10 所示。

```
encoding_query_word = urllib.quote(query_word)
```

附图 10　URL 编码

组建查询 URL，然后才能够向服务器发送查询请求，组建 URL 的核心代码如附图 11 所示。

```
domain_name_base= "http://index.haosou.com/index.php?a=soIndexJson&q="
encoding_query_word = urllib.quote(query_word)
encoding_chinese_region = urllib.quote(chinese_region)
domain_name = domain_name_base + encoding_query_word +
"&area=" + encoding_chinese_region
```

附图 11　组建查询 URL

b.数据请求与接收

数据请求的原理是利用 socket 发送请求数据包，这与用浏览器访问某个网页类似，不过是手动构建请求网页的数据包，然后使用 write 函数发送给远程数据查询服务器，这里直接使用已经封装好的 urlopen 函数来发送数据请求，然后使用 read 来等待读取远程服务器发送的响应数据，如附图 12 所示。

```
html_information_page = urllib.urlopen(domain_name)
html_information = html_information_page.read()
#data_file_name = encoding_query_word.encode('utf-8').decode('gbk')
```

附图 12　发送查询请求与接收服务器响应

c.原始数据的保存

原始数据保存在/ini/下的以查询关键词命名的文件中，以方便数据分析程序的处理。由于之前查询使用的是 UTF-8 的字符编码，但是 Windows 系统如果使用 UTF-8 编码的中文命名文件则会显示乱码，所以为了防止中文乱码，必须对转换后的查询关键词进行 GBK 的编码转换，然后保存为对应的文件名。核心代码如附图 13 所示。

```
data_file_name =  query_word.decode('utf-8')
data_file_name = data_file_name.encode('gbk') + ".dat"
data_file_path = "./ini/"
data_save_file = data_file_path + data_file_name
data_file_handle = open(data_save_file, 'w')
try:
data_file_handle.write(html_information)
finally:
data_file_handle.close()
```

附图 13 原始数据的保持

4)数据分析模块

根据查询的关键词在/ini/目录下找到对应的查询原始数据的文件，再打开文件，根据文件规则来获取我们需要的数据，规则是每个数据之间使用‘|’符号分割，并且其中有很多我们不关心的内容，所以我们只要根据文件规则将数据提取出来即可，如附图 14 所示。

```
data_file_path = "./ini/"
data_file_name = encoding_query_word.decode('utf-8')
data_file_name = data_file_name.encode('gbk') + ".dat"
data_file_path = data_file_path + data_file_name;
data_information = open_data_file(data_file_path)
message_status, message_query_word, message_symbol, message_info, message_end
= data_information.split('{', 4)
message_status, message_query_word, message_symbol, message_info, message_end
= message_info.split('"', 4)
message_data_list = message_info.split('|')
```

附图 14 数据分析代码

5)数据存储模块

a.CSV 格式存储

CSV 文件格式中一行就是数据表的一行，生成的数据字段使用逗号将其分隔开，所以只要从最终的数据中依次获取日期和与该日期所对应的查询数据，手动为其添加逗号分隔，然后保存到.csv 的文档中即可，如附图 15 所示。

```
    for data_message in message_data_list[: : -1]:
    csv_type_buffer += create_date_data(count).strftime("%Y-%m-%d") + ',' +
data_message + '\n'
    count += 1
    csv_file_name = encoding_query_word.decode('utf-8')
    csv_file_name = csv_file_name.encode('gbk') + ".csv"
    path += csv_file_name;
    csv_file_handle = open(path, 'w')
    csv_file_handle.write(csv_type_buffer)
    csv_file_handle.close()
    return 1;
```

附图 15　CSV 格式的存储

b.JSON 格式存储

JSON 格式存储比较随意，由个人决定具体定义，作者将其定义为{date:"value", date:"value"}的形式，生成方式类似于 CSV，也是首先依次从最终数据中获取到日期和与日期对应的查询数据，然后添加到指定的格式中，直到所有数据添加完毕。核心代码如附图 16 所示。

```
    for data_message in message_data_list[: : -1]:
    json_type_buffer += create_date_data(count).strftime("%Y-%m-%d") + ': ' + '"' +
data_message + '"' + ", "
    count += 1
    json_type_buffer = json_type_buffer[: -1]
    json_type_buffer += '}'
    json_file_name = encoding_query_word.decode('utf-8')
    json_file_name = json_file_name.encode('gbk') + ".json"
    path += json_file_name;
    json_file_handle = open(path, 'w')
    json_file_handle.write(json_type_buffer)
    json_file_handle.close()
    return 1;
```

附图 16　JSON 格式的存储

c.MySQL 存储

MySQL 的存储较为复杂，由于使用到了 MySQL 数据库，使用之前还要先做配置，配置监听端口为 3306，用户名和密码分别为 root、root，从结构上看，MySQL 存储与之前的 CSV 和 JSON 格式存储类似，也是首先依次从最终数据中获取到日期和与日期对应的查询数据，然后添加到对应的数据库表中。核心代码如附图 17 所示。

```
    if upper(save_type) == 'MySQL':
    table_name = time.strftime("%Y-%m-%d-%H-%M-%S", time.localtime())
    table_name = encoding_query_word + '-' + str(table_name)
    #数据库初始化
    init_mysql(table_name)
    for data_message in message_data_list[: : -1]:
    #添加数据到指定的表中
    connect_mysql(table_name ,  create_date_data(count).strftime("%Y-%m-%d") ,
data_message)
    count += 1
    return 1;
```

附图 17 MySQL 存储核心代码

以上代码相对于 JSON 和 CSV 格式的存储多出了数据库初始化，以及连接数据库指定数据表，然后添加数据的步骤。

数据库初始化时的主要操作如下。

(1) 检测是否存在本系统专用的数据库 360index，如果没有的话就创建。

(2) 连接 360index 数据库，然后创建以查询关键词命名的表。

这里需要注意的是在连接数据库时，必须指定连接数据库的编码为 UTF-8，因为表名为中文时，如果不指定 UTF-8 编码，则表名会出现乱码。

在连接数据库的时候，第二个和第三个参数分别代表用户名和密码，如果 MySQL 数据库安装时用户名和密码分别不为 root、root，那么需要在此处手动修改为正确的用户名和密码。

MySQL 初始化函数如附图 18 所示。

```
def init_mysql(table_name):
db = MySQLdb.connect('localhost', 'root', 'root')
cursor = db.cursor()
cursor.execute("CREATE DATABASE IF NOT EXISTS 360INDEX CHARACTER SET UTF8")
db.close()
db=MySQLdb.connect(host='localhost', user='root', passwd='root', db='360INDEX',
port=3306, charset='utf8')
cursor = db.cursor()
create_table_sql = """CREATE TABLE IF NOT EXISTS `%s` (DATE  CHAR(20) NOT
NULL, DATA  CHAR(20))""" % table_name
cursor.execute(create_table_sql)
db.close()
```

附图 18　MySQL 初始化函数

连接数据库并向数据库中插入指定的数据，这里主要是插入时间与对应的数据，如附图 19 所示。

```
def connect_mysql(table_name, date, data):
db=MySQLdb.connect(host='localhost', user='root', passwd='root', db='360INDEX',
port=3306, charset='utf8')
cursor = db.cursor()
insert_data_sql = """INSERT INTO `%s` VALUE('%s', '%s')""" % (table_name,
date, data)
try:
cursor.execute(insert_data_sql)
db.commit()
except:
db.rollback()
db.close()
```

附图 19　连接数据库并插入数据

7. 效果展示

至此，本系统的设计和开发就已经完成了，接下来研究本系统的工作情况。

1) 目录结构展示

程序的目录结构如附图20所示。

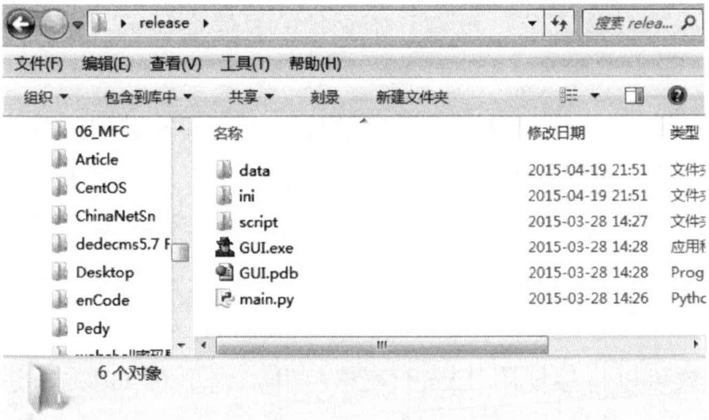

附图20 程序的目录结构

其中GUI.exe就是采集系统的启动程序，执行GUI.exe，即可启动数据采集系统查询在data目录下的存储结果，以查询关键词命名保存。

2) 主界面效果展示

GUI模块主要负责应用程序的启动，界面如附图21所示。

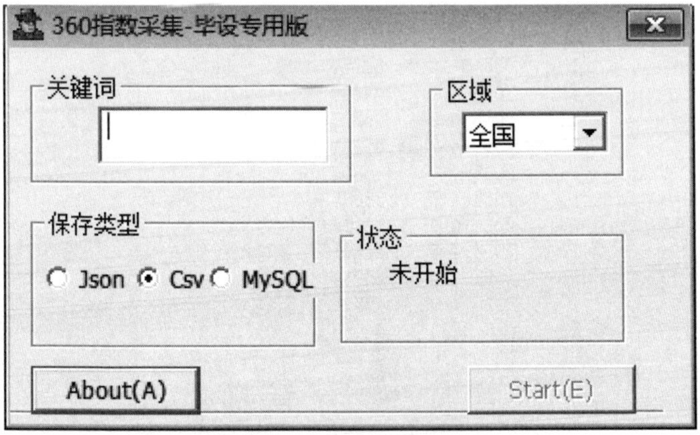

附图21 系统启动界面

详细解释一下该图形界面的实现，该界面可以分成以下几个部分。

(1)关键词部分：用户输入需要查询的关键词。

(2)区域部分：只能选择列表中的区域，默认是全国。

(3)保存类型部分：只能在 JSON、CSV、MySQL 中选择一个，默认类型是 CSV 格式，其中想要保存到 MySQL，前提是必须安装 MySQL 数据库及 Python MySQLdb 模块。

(4)程序执行状态部分：没有开始采集的时候会显示“未开始”，开始采集后会显示“正在采集”。

状态部分在 Start 按钮中，当用户没有输入查询关键词时为灰色，表示不可用状态，用户输入查询关键词后 Start 按钮就会变为可用状态。

点击 Start 按钮执行数据采集。这里以 Google 作为查询关键词进行采集。

3)CSV 文件存储效果展示

CSV 格式可以直接使用 Excel 表格打开，这里对 Google 进行采集并保存，具体的数据与效果如附图 22 所示。

google.csv *

A1　fx　2015-4-19

	A	B	C	D
1	2015-4-19	34591		
2	2015-4-18	33290		
3	2015-4-17	41070		
4	2015-4-16	43933		
5	2015-4-15	46477		
6	2015-4-14	44545		
7	2015-4-13	43752		
8	2015-4-12	34962		
9	2015-4-11	36450		
10	2015-4-10	42789		
11	2015-4-9	44490		
12	2015-4-8	46327		
13	2015-4-7	43851		
14	2015-4-6	35808		
15	2015-4-5	33688		
16	2015-4-4	33112		
17	2015-4-3	41591		
18	2015-4-2	45714		
19	2015-4-1	49518		
20	2015-3-31	44593		
21	2015-3-30	45661		
22	2015-3-29	37046		
23	2015-3-28	35853		
24	2015-3-27	41532		

google

附图 22　CSV 格式效果图

4）MySQL 存储效果展示

MySQL 存储需要用到 MySQL 数据库，这里仍然以 Google 的数据作为实例存储。

查看 MySQL 中的数据，并登录到 MySQL 命令控制台，执行“show databases”命令显示所有数据库，查看是否有 360index 数据库，如果存在则使用“use 360index”使用该数据库，然后使用“show tables”查看所有的数据表，找到以 Google 命名的数据库表，然后使用“select * from Google”查询命令即可查询出所有 Google 的数据，效果如附图 23 所示。

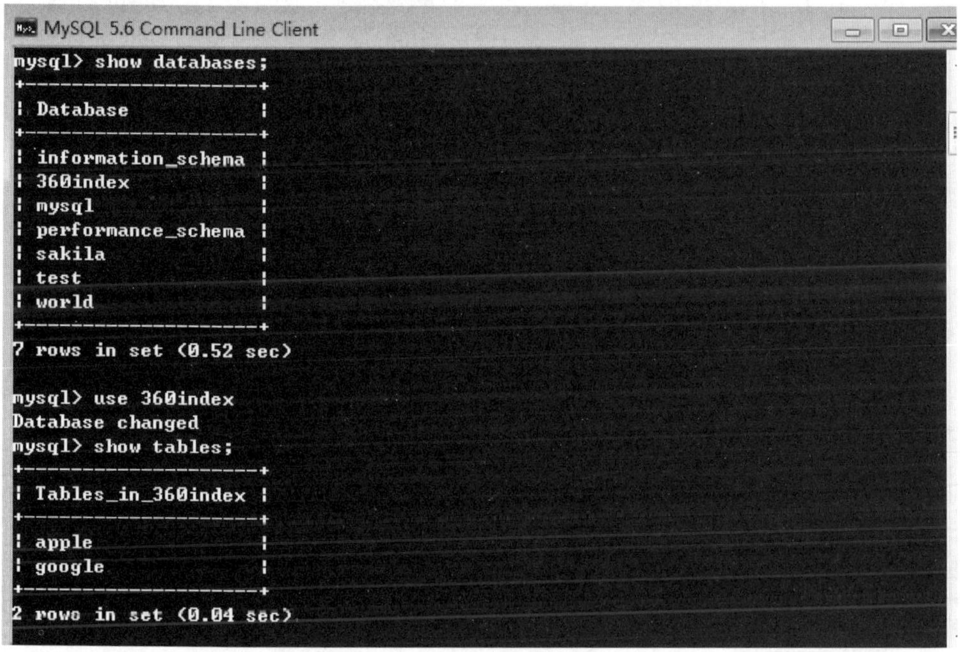

附图 23 MySQL 存储效果展示

5）JSON 文件存储效果展示

JSON 格式存储的文件后缀名为.json，可以使用记事本、NotePad++等打开浏览，这里使用的是 emacs 编辑器浏览，效果如附图 24 所示。

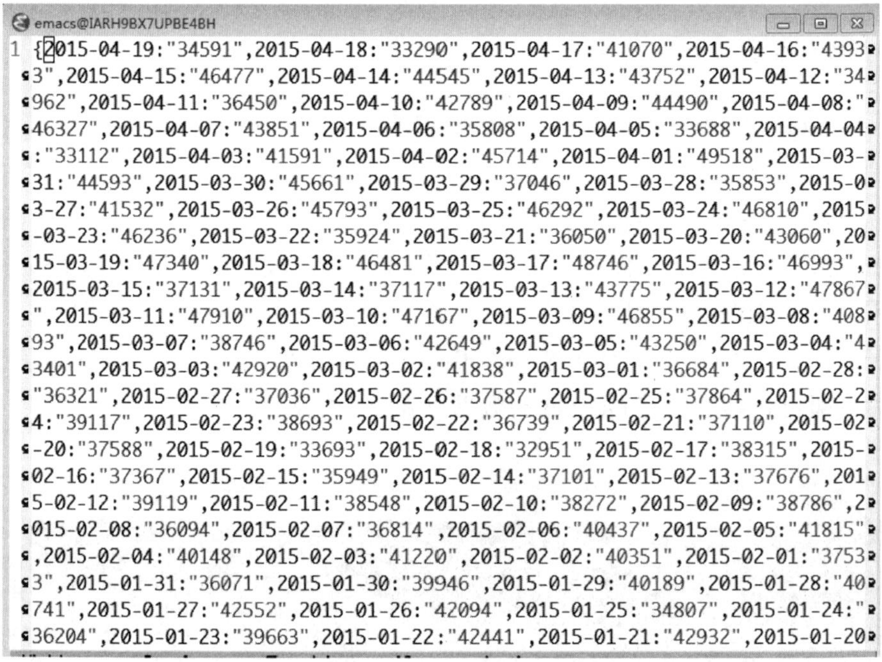

{2015-04-19:"34591",2015-04-18:"33290",2015-04-17:"41070",2015-04-16:"4393
3",2015-04-15:"46477",2015-04-14:"44545",2015-04-13:"43752",2015-04-12:"34
962",2015-04-11:"36450",2015-04-10:"42789",2015-04-09:"44490",2015-04-08:"
46327",2015-04-07:"43851",2015-04-06:"35808",2015-04-05:"33688",2015-04-04
:"33112",2015-04-03:"41591",2015-04-02:"45714",2015-04-01:"49518",2015-03-
31:"44593",2015-03-30:"45661",2015-03-29:"37046",2015-03-28:"35853",2015-0
3-27:"41532",2015-03-26:"45793",2015-03-25:"46292",2015-03-24:"46810",2015
-03-23:"46236",2015-03-22:"35924",2015-03-21:"36050",2015-03-20:"43060",20
15-03-19:"47340",2015-03-18:"46481",2015-03-17:"48746",2015-03-16:"46993",
2015-03-15:"37131",2015-03-14:"37117",2015-03-13:"43775",2015-03-12:"47867
",2015-03-11:"47910",2015-03-10:"47167",2015-03-09:"46855",2015-03-08:"408
93",2015-03-07:"38746",2015-03-06:"42649",2015-03-05:"43250",2015-03-04:"4
3401",2015-03-03:"42920",2015-03-02:"41838",2015-03-01:"36684",2015-02-28:
"36321",2015-02-27:"37036",2015-02-26:"37587",2015-02-25:"37864",2015-02-2
4:"39117",2015-02-23:"38693",2015-02-22:"36739",2015-02-21:"37110",2015-02
-20:"37588",2015-02-19:"33693",2015-02-18:"32951",2015-02-17:"38315",2015-
02-16:"37367",2015-02-15:"35949",2015-02-14:"37101",2015-02-13:"37676",201
5-02-12:"39119",2015-02-11:"38548",2015-02-10:"38272",2015-02-09:"38786",2
015-02-08:"36094",2015-02-07:"36814",2015-02-06:"40437",2015-02-05:"41815"
,2015-02-04:"40148",2015-02-03:"41220",2015-02-02:"40351",2015-02-01:"3753
3",2015-01-31:"36071",2015-01-30:"39946",2015-01-29:"40189",2015-01-28:"40
741",2015-01-27:"42552",2015-01-26:"42094",2015-01-25:"34807",2015-01-24:"
36204",2015-01-23:"39663",2015-01-22:"42441",2015-01-21:"42932",2015-01-20

附图 24 JSON 格式效果

8. 360 指数采集系统源程序

360 指数采集系统源程序如附图 25 所示。

```
#encoding: utf-8
import sys
import sys
import urllib
import datetime
import time
import json
import MySQLdb
import win32api, win32gui
import win32con
mysql_password = 'root'
def init_mysql(table_name):
    db = MySQLdb.connect('localhost', 'root', mysql_password)
```

```
        cursor = db.cursor()
        cursor.execute("CREATE DATABASE IF NOT EXISTS 360INDEX CHARACTER SET UTF8")
        db.close()
        db=MySQLdb.connect(host='localhost', user='root', passwd='root', db='360INDEX', port=3306, charset='utf8')
        cursor = db.cursor()
        drop_table = """DROP TABLE IF EXISTS `%s`""" % table_name
        cursor.execute(drop_table)
        create_table_sql = """CREATE TABLE IF NOT EXISTS `%s` (DATE CHAR(20) NOT NULL, DATA CHAR(20))""" % table_name
        cursor.execute(create_table_sql)
        db.close()
    def connect_mysql(table_name, date, data):
        db=MySQLdb.connect(host='localhost', user='root', passwd='root', db='360INDEX', port=3306, charset='utf8')
        cursor = db.cursor()
        insert_data_sql = """INSERT INTO `%s` VALUE('%s' , '%s')""" % (table_name, date, data)
        try:
            cursor.execute(insert_data_sql)
            db.commit()
        except:
            db.rollback()
        db.close()
    def domain_name_parse(query_word, chinese_region):
        domain_name_base = "http: //index.haosou.com/index.php?a=soIndexJson&q="
        encoding_query_word = urllib.quote(query_word)
        encoding_chinese_region = urllib.quote(chinese_region)
        domain_name = domain_name_base + encoding_query_word + "&area=" + encoding_chinese_region
        html_information_page = urllib.urlopen(domain_name)
```

```
        html_information = html_information_page.read()
        data_file_name =  query_word.decode('utf-8')
        data_file_name = data_file_name.encode('gbk') + ".dat"
        data_file_path = "./ini/"
        data_save_file = data_file_path + data_file_name
        data_file_handle = open(data_save_file, 'w')
        try:
            data_file_handle.write(html_information)
        finally:
            data_file_handle.close()
    def create_date_data(date):
        today = datetime.date.today()
        someday = datetime.timedelta(days = date)
        date_data = today - someday
        return date_data
    def open_data_file(data_file_name):
        data_file_handle = open(data_file_name, 'r')
        try:
            data_information = data_file_handle.read()
        finally:
            data_file_handle.close()
        return data_information
    def usage_information(command_name):
        print ""
        print "Usage: ", command_name, "[word] [region] [type]"
        print "[word]"
        print "[region]"
        print "[type] in [JSON CSV MySQL]"
        return
    def encoding(string):
        string = string.decode('gbk')
        string = string.encode('utf-8');
```

```
        return string
    def upper(string):
        string = string.upper();
        return string
    def check_region_illegality(chinese_region):
        chinese_region_array = ["全国", "安徽", "澳门", "北京", "重庆", "福建", "甘肃", "广东", "广西", "贵州", "海南", "河北", "河南", "黑龙江", "湖南", "湖北", "吉林", "江苏", "江西", "辽宁", "内蒙古", "宁夏", "青海", "山东", "山西", "陕西", "上海", "四川", "台湾", "天津", "云南", "西藏", "香港", "新疆", "浙江"]
        for region in chinese_region_array:
            if chinese_region == region:
                return 0
            continue
        return -1
    def check_type_illegality(save_type):
        if upper(save_type) != 'JSON' and upper(save_type) != 'CSV' and upper(save_type) != 'MySQL':
            return -1
    def main(encoding_query_word, encoding_chinese_region, save_type):
        domain_name_parse(encoding_query_word, encoding_chinese_region)
        data_file_path = "./ini/"
        data_file_name = encoding_query_word.decode('utf-8')
        data_file_name = data_file_name.encode('gbk') + ".dat"
        data_file_path = data_file_path + data_file_name;
        data_information = open_data_file(data_file_path)
        message_status , message_query_word , message_symbol , message_info , message_end = data_information.split('{', 4)
        message_status , message_query_word , message_symbol , message_info , message_end = message_info.split('"', 4)
        message_data_list = message_info.split('|')
        json_file_name = encoding_query_word.decode('utf-8')
        json_file_name = json_file_name.encode('gbk') + ".json"
```

```
        json_type_buffer = '{'
        csv_type_buffer = ''
        count = 1
        path = "./data/"
        if upper(save_type) == 'JSON':
            for data_message in message_data_list[: : -1]:
                json_type_buffer += create_date_data(count).strftime("%Y-%m-%d") +
': ' + '"' + data_message + '"' + ", "
                count += 1
            json_type_buffer = json_type_buffer[: -1]
            json_type_buffer += '}'
            json_file_name = encoding_query_word.decode('utf-8')
            json_file_name = json_file_name.encode('gbk') + ".json"
            path += json_file_name;
            json_file_handle = open(path, 'w')
            json_file_handle.write(json_type_buffer)
            json_file_handle.close()
            return 1
        if upper(save_type) == 'CSV':
            for data_message in message_data_list[: : -1]:
                csv_type_buffer += create_date_data(count).strftime("%Y-%m-%d") +
', ' + data_message + '\n'
                count += 1
            csv_file_name = encoding_query_word.decode('utf-8')
            csv_file_name = csv_file_name.encode('gbk') + ".csv"
            path += csv_file_name;
            csv_file_handle = open(path, 'w')
            csv_file_handle.write(csv_type_buffer)
            csv_file_handle.close()
            return 1;
        if upper(save_type) == 'MySQL':
            #table_name = time.strftime("%Y-%m-%d-%H-%M-%S", time.localtime())
```

```
        table_name = encoding_query_word# + '-' + str(table_name)
        init_mysql(table_name)
        for data_message in message_data_list[: : -1]:
            connect_mysql(table_name, create_date_data(count).strftime("%Y-%m-%d"), data_message)
            count += 1
        return 1;
def get_command_line():
    command_line_count = len(sys.argv)
    if command_line_count != 4:
        usage_information(sys.argv[0])
        return
    query_word = sys.argv[1]
    query_word = encoding(query_word)
    chinese_region = sys.argv[2]
    chinese_region = encoding(chinese_region)
    save_type = sys.argv[3]
    save_type = encoding(save_type)
    if -1 == check_region_illegality(chinese_region):
        print ""
        print "region error"
        usage_information(sys.argv[0])
    if -1 == check_type_illegality(save_type):
        print ""
        print "type error"
        usage_information(sys.argv[0])
    ret = main(query_word, chinese_region, save_type)
    return ret;
get_command_line()
```

附图 25 360 指数采集系统源程序

9. 小结

本附录旨在开发一个 Windows32 位平台上的 360 指数抓取系统，首先简单介绍研究背景与现状，着重介绍了 360 指数采集系统的核心研究与实现，具体内容有：设计出软件的核心层次架构和软件的需求分析，以及功能分析。数据采集核心程序是利用 Python 编写的，主要实现本机与远程 360 指数服务器之间的通信，包括请求与接收数据，主要利用 Python 的网络编程部分，实现向服务器发送与接收查询请求。GUI 交互界面使用 Win32 对话框 C++编程，主要用于处理用户的输入，传递数据给数据采集核心程序，是用户与核心程序之间沟通的中介程序。MySQL 数据库存储部分，是利用 Python 的 MySQLdb 库编写而成的，目的是将采集的数据存储到 MySQL 数据库中。CSV 格式与 JSON 格式存储为主流的存储格式，对字符串的便捷处理主要是利用 Python 来实现，为满足绝大部分使用情况而设计。在以上研究的基础上，附录设计并实现了基于 360 指数的关键词数据采集系统。

索　引